Miriam Erraoui

# Lebe die
# Fülle in dir

## Ganzheitliche Entfaltung
## durch Psychosynthese

WINDPFERD

1. Auflage 2014
© 2013 Windpferd Verlagsgesellschaft mbH, Oberstdorf
Alle Rechte vorbehalten
Umschlagkonzeption: Guter Punkt, München
Umschlaggestaltung: Andrea Barth – Guter Punkt/Agentur für Gestaltung
Bildquelle Cover: © Sergey Nivens/shutterstock
Layout und Grafik: Marx Grafik und ArtWork
Gesetzt aus der Calibri
Druck: Himmer AG, Augsburg

Printed in Germany
ISBN 978-3-86410-064-2
www.windpferd.de

# Inhalt

## II. Psychosynthese selbst erleben

## „Die Quelle der Fülle und Lösungen liegt in Dir."

Uns allen wohnt die Sehnsucht inne, aus unserem So-Sein heraus zu leben. In unserem Leben streben wir nach einem Sinn und tiefer Erfüllung. Wir wollen uns mit Menschen und Dingen beschäftigen, die unser Herz berühren, die mit uns etwas zu tun haben. Dieses Buch von Miriam Erraoui gewährt einen Einblick in die von dem italienischen Arzt und Psychiater Roberto Assagioli begründete Psychosynthese und erläutert, wie sie unser Leben bereichern kann. In der herkömmlichen klassischen Tiefenpsychologie liegt der Blickwinkel ausschließlich auf dem Unterbewusstsein mit seinen Trieben und Impulsen. Die Psychosynthese hebt jedoch unter Berücksichtigung des Unterbewusstseins auch das Überbewusstsein hervor, den Bereich, wo sich der Mensch seiner Fülle, seiner Gaben, Talente, Anlagen, Fähigkeiten und Qualitäten bewusst wird.

Die Potenziale sowie die Kraft und Orientierung vermittelnden Werte und Stärken des Menschen stehen bei der Psychosynthese im Vordergrund. Durch bewusste Entwicklung von äußerer und innerer Fülle schaffen wir eine Ganzheit in unserem Leben, die uns Freude und wahres Glück schenkt. Das Leben wird kreativer und lebendiger und ermöglicht einen neuen Zugang zu einem offeneren und flexibleren Denken, Fühlen und Handeln. Dieses Buch soll neue Perspektiven und Gestaltungsräume aufzeigen und dazu inspirieren, unser Leben mit Lust und Leidenschaft zu gestalten.

*Dem geschätzten und geehrten*
*Roberto Assagioli gewidmet*

„Physische Kräfte, Intelligenz, Vorstellungskraft und Erinnerung werden bei einem leidenschaftlichen Menschen in den Dienst der Leidenschaften gestellt. Alles wird dem Ziel, das um jeden Preis verfolgt wird, untergeordnet und wenn nötig geopfert. Leidenschaft weckt und bewegt bis dahin latente und unbekannte Energien."

*Roberto Assagioli*

# Vorwort

Vielfältig und kostbar sind die verschiedenen
Energien des Menschen, und zwar solche, die ihn
stark, gesund, tüchtig und leistungsfähig machen,
die ihm Freude und Befriedigung geben und ihn
zu einem Werkzeug des Guten für andere werden
lassen; und doch weiß der Mensch nur wenig und
unzureichend Gewinn aus diesen seinen Reichtü-
mern zu ziehen.

*Roberto Assagioli*

In unserer Zeit ist kaum etwas bedeutender geworden, als aus
unserer inneren Kraftquelle heraus handeln zu können, ohne uns
von den Herausforderungen des Lebens gelähmt zu fühlen oder
überwältigen zu lassen. Es geht darum, unvoreingenommen Ide-
en und Lösungen zu finden, die unserem Wesen entsprechen
und uns helfen, dem Leben mit seinen täglichen Anforderungen
zu begegnen. Mein Ziel ist es, die Psychosynthese mittels dieses
Buches bekannter zu machen, da sie einen Weg zur Selbsthilfe
aufzeigt. Und ich möchte Ihnen, liebe Leserinnen und Leser, eine
Einführung in ein Verfahren geben, dass den Fokus darauf legt,
Ihre Stärken hervorzuheben, indem Sie Ihre Perspektive dadurch
verändern, dass Sie sich nicht auf Mängel konzentrieren, sondern
auf Ihr Potenzial und Ihr inneres Vermögen – auf Ihre Fülle. Meine Vision der Zukunft wäre, dass jeder in unserer Gesellschaft
angehalten sein würde, sich selbst gründlich zu erforschen, um
ein Leben in Einklang mit seinem ihm eigenen Selbst-Sein, – dem,
was er wirklich ist –, führen zu können. Das bedeutet für die Zukunft, eine neue und feste Priorität zu setzen, um seiner eigenen

Wahrheit entsprechend zu leben und jede Selbstverleugnung als Bremse der eigenen inneren Lebenskraft anzusehen.

In unserem heutigen Leben werden unsere inneren Regungen oftmals nur wenig beachtet; Sehnsüchten, Träumen und latenten Begabungen, die wir in uns tragen, wird nur wenig Beachtung geschenkt. Sowohl im vergangenen Industriezeitalter als auch in unserer aktuellen Arbeitswelt galt und gilt es vornehmlich, sich anzupassen und die eigenen Energien äußeren Strukturen zur Verfügung zu stellen. Der uns eigenen inneren Welt wird kaum Raum zum Atmen gelassen, und nur wenige besaßen oder nahmen sich das Privileg und die Freiheit, sich selbst zu verwirklichen. Mit diesem Buch möchte ich die Psychosynthese einem breiten Publikum zugänglich machen, weil sie vielen Menschen in unserer von Krisen geschüttelten Zeit helfen kann, gute und schnelle Lösungen zu entdecken. Im Kern geht es mir darum, Ihnen eine Landkarte an die Hand zu geben und Sie entscheiden zu lassen, welchen Weg Sie gehen möchten. Wer die Psychosynthese anwendet, beschreitet einen neuen Weg: den Weg von innen nach außen. Das bedeutet, wenn Sie sich auf eine Entdeckungsreise zu Ihrem ursprünglichen Selbst einlassen, kann Sie zur Belohnung ein authentisches Leben in Freiheit, Wohlergehen und in Verwirklichung des eigenen wahren Selbst erwarten.

# Einführung

„Es mag mir geschehen, was will – ich verliere
nie die Gewissheit, dass hinter mir Arme geöffnet
sind, um mich aufzunehmen".

*Lou Andreas-Salome*

## Mein Weg zur Psychosynthese

Auf der Suche nach einem Coaching- und Therapieverfahren,
dass mein Herz berührt, lernte ich auf einem Existenzgründungs-
vortrag über das Thema Charisma die Psychosynthese kennen.
Dies geschah zu einem Zeitpunkt, als ich gerade aufgehört hatte
zu suchen. So fand nicht ich die Psychosynthese, sondern die Psychosynthese fand mich.

An dem Abend, an dem der Vortrag stattfand, wollte ich
zunächst nicht hingehen. Ich hatte mehrmals eine Einladung
zu Vorträgen des Existenzgründer-Veranstalters erhalten, doch
nahm ich daran erst an jenem Abend teil, weil mich das Thema Charisma interessierte. In der Veranstaltung lernte ich eine
Therapeutin kennen, die mit dem Referenten des Vortrags unzufrieden war. Sie meldete sich eine halbe Stunde, nachdem der
Vortrag begonnen hatte, und unterbrach den Redner mit der
Frage, wann er endlich zum eigentlichen Thema Charisma kommen wolle. Sie sprach mir aus der Seele. Der Vortrag war in der
Tat inhaltsleer. Der Referent beharrte darauf, er spräche die ganze Zeit zum Thema, während die Therapeutin ihm widersprach.
Schließlich forderte er sie auf, sie solle doch nach vorne kommen
und selber den Vortrag halten, wenn Sie es besser könne. Ge-

sagt, getan. Sie ging tatsächlich zum Rednerpult und trug in etwa fünf Minuten wichtige Merkmale charismatischer Menschen vor. Nach dem kleinen Vortrag ging ich auf sie zu und fragte sie, was sie beruflich mache. Sie habe eine Praxis für Psychosynthese, erklärte sie, und erläuterte mir die Methoden. Als ich an dem Abend heimkam, spürte ich, dass mich die Methode sehr angesprochen hatte. Nachdem ich mich weiter im Internet informiert hatte, holte ich mir über die Deutsche Psychosynthese-Gesellschaft genauere Auskünfte über Fortbildungsmöglichkeiten. Ich ging zum Psychosynthese-Forum und begann kurze Zeit darauf mit den Basiskursen bzw. der Ausbildung in Psychosynthese.

Eine kleine Rückblende:

Vier Stunden vor dem Vortrag: An dem Tag war ich sehr müde und ich wollte nach der Arbeit nur noch nach Hause, aber ich spürte einen inneren Impuls, der mich immer wieder anstieß, doch dahin zu gehen. Das Thema interessierte mich, zumal ich mich in jener Zeit mit dem antiken Philosophen und Vertreter der jüngeren Stoa Seneca beschäftigte. Seneca betont ein starkes Ich, das unberührt und unbewegt von äußeren Einflüssen bleiben kann, wenn es sich bewusst macht, wer es wirklich ist. Ich erkannte, dass dies der Ansatz ist, den ich für mein persönliches und berufliches Leben brauche; ein Ansatz, der den Menschen stark macht und ihm seine Freiheit und Unabhängigkeit verdeutlicht, denn das äußere Geschehen vergeht und es ist unsere innere Haltung, die bestimmt, inwieweit wir uns von Schicksalsschlägen oder Problemen in Besitz nehmen lassen.

Die Psychosynthese kam möglicherweise in mein Leben, weil ich mich zuvor mit dem Thema Identität beschäftigt habe. So war der Boden bereitet, in dem nun die Saat der Psychosynthese ausgesät werden konnte. Der Rahmen für Entwicklung und Wachstum wurden geschaffen und ich öffnete eine Tür in eine andere Dimension des Bewusstseins. Ich begann die Psychosynthese-Ausbildung und die folgenden Jahre waren geprägt von Arbeit an persönlicher Klärung und Reifung. Heute arbeite ich als freiberufliche Sozialwissenschaftlerin und Psychosynthese-Coach.

## Das Besondere der Psychosynthese

Es ist wichtig zu verstehen, auf welchem Fundament und Hintergrund die Psychosynthese entstanden ist. Der Mensch hat eine ihm inne wohnende Sehnsucht nach Sinn im Leben, echten Werten, Wachstum und Selbstausdruck. Was die Psychosynthese auszeichnet ist, dass sie eine Psychologie der höheren Strebungen im Menschen ist, da sie die edlen Anteile, wie Kreativität, Inspiration, Intuition, Ideen und Talente mit ihrem Methodenreichtum hervorzubringen vermag. Wer den Prozess der inneren Wandlung vollzieht, wird gestärkter, freier und unabhängiger daraus hervorgehen.

Die Psychosynthese ist eine Psychagogik, eine Schule der Selbsterziehung, weil sie eine Mischung aus Psychologie und Pädagogik ist. Ihre zentrale Aufgabe besteht darin, den Menschen in seiner psychischen Struktur zu stärken und ihn in seinem seelischen Wachstum zu unterstützen. In diesem Buch möchte ich Ihnen die Möglichkeiten aufzeigen, in welcher Weise Ihnen diese Methode helfen kann, innere Sicherheit und Halt in und durch sich zu finden. Im ersten Teil schildere ich die wichtigsten Details zur Entstehungsgeschichte der Psychosynthese und was der Begründer Roberto Assagioli mit seinem Erziehungs- und Therapieverfahren beabsichtigte. Im zweiten Teil des Buches zeige ich auf, wie Sie die Psychosynthese für sich nutzen können, um Ihr geistiges Wachstum zu fördern. Ich gehe auf einige der wichtigsten Ressourcen ein, die Sie unterstützen können, einfacher zu leben. Anhand von Beispielen, Übungen und Meditationen bekommen Sie Instrumente an die Hand, die Sie dabei unterstützen, zu mehr Eigenständigkeit und innerer Freiheit zu gelangen. Durch Bewusstwerdung entsteht innere Klarheit, die wiederum äußere Klarheit im Leben mit sich bringt.

# I.

# Grundgedanken der Psychosynthese

# I.
# Biographischer Hintergrund von Roberto Assagioli

Psychosynthese ist keine Lehre oder Schule der Psychologie und sie ist keine einzelne Methode der Selbstverwirklichung, Therapie und Erziehung. Sie kann in erster Linie als eine allgemeine Haltung von und ein Streben hin zur Integration und Synthese in allen Bereichen bezeichnet werden kann.

*Roberto Assagioli*

Im Jahre 1888 am 27. Februar wurde Roberto Marco Grego in Venedig geboren. Seine in Ägypten geborene Mutter Elena Kaula stammte aus einer venezianischen Familie und sein Vater Leone Grego aus Verona. Robertos Eltern gehörten dem jüdischen Glauben an. Sein Vater, der von Beruf Ingenieur war, starb 1890 als Roberto zwei Jahre alt war. Seine Mutter lernte den Arzt Emanuele Assagioli kennenlernen, als sie ihren erkrankten Sohn Roberto ins Krankenhaus bringen musste. Sie heirateten und Emanuele adoptierte Roberto und kümmerte sich einfühlsam um ihn. Roberto nahm später den Namen seines Adoptivvaters an. Roberto wuchs in einem kulturellen und wohlhabenden familiären Umfeld auf, das ihm ermöglichte sich optimal zu entfalten und seine Interessen zu verwirklichen. Er heiratete zweimal, die zweite Ehe bestand 40 Jahre; aus dieser Verbindung ging Ilario, der einzige Sohn von Nella und Roberto Assagioli hervor. Seit seiner Jugend tuberkulosekrank, starb Ilario 1951 im Alter von zwanzig Jahren an dieser Krankheit. Assagioli beherrschte zahlreiche

Sprachen, darunter auch fließend Deutsch, so dass er sich später mit seinen Berufskollegen Sigmund Freud und Carl Gustav Jung austauschen und Briefkontakte pflegen konnte.

Roberto Assagioli lernte gern und absolvierte mit 16 Jahren sein Abitur. 1904 zog er mit seiner Familie nach Florenz. Da es an der Universität noch nicht möglich war, Psychologie zu studieren, entschied er sich für ein Medizinstudium. Assagioli war wissbegierig und hatte einen starken Forscherdrang; er beschäftigte sich mit Literatur, Philosophie und mit östlichen Lebensweisen. Sein Interessengebiet war sehr facettenreich und sein Wissensdurst blieb bis an sein Lebensende ungebremst. Der frühe Tod seines Sohnes sowie seine mehr als einen Monat während Einzelhaft aufgrund seines jüdischen Hintergrunds ließen ihn schwere Zeiten am eigenen Leib erfahren.

## Roberto Assagioli, der gelehrte Mensch

Roberto Assagioli war ein weiser, sehr gebildeter und charismatischer Mensch. Peter de Coppens, der bei Assagioli persönlich eine Behandlung mittels der Psychosynthese durchlaufen hatte, bezeichnete ihn in einem Interview mit Paola Giovetti, der Biographin von Assagioli, als einen unerschöpflichen Quell an Wissen und Informationen. Assagioli lebte praktisch die Psychosynthese und war für viele Menschen, die ihm nahe standen, Halt und Inspiration. An erster Stelle stand für ihn der Dienst am Menschen: Er wollte dem Allgemeinwohl dienen, indem er die Psychosynthese als Werkzeug zur Verfügung stellte. Er unternahm viele Reisen in Europa, Amerika, Kanada, England und Argentinien, um die Psychosynthese mit seinen Vorträgen bekannt zu machen. In Italien, in seinem Institut in Florenz, bot er Ausbildungen zum Psychosynthese-Therapeuten an.

# Assagiolis Beziehungen zu Sigmund Freud und Carl Gustav Jung

Roberto Assagioli war Arzt, Psychiater und ausgebildeter Psychoanalytiker als er Anfang des 20. Jahrhunderts die Psychosynthese begründete. Dies war die Epoche, die von namhaften Ärzten und Psychoanalytikern, wie etwa Sigmund Freud und Carl Gustav Jung geprägt war. Zu dieser Zeit gab es einen starken mentalen und gesellschaftlichen Wandel, der sich von der oberflächlichen Betrachtung entfernte und sich den Tiefen der Psyche, dem Unbewussten zuwendete. Assagioli griff Freuds Psychoanalyse als Grundlage für die Psychosynthese auf. Er schrieb seine Doktorarbeit über die Psychoanalyse und erkannte dabei, dass die Psychoanalyse den Menschen nicht in seiner Ganzheit und Persönlichkeit erfasse. Assagioli betrachtet die Arbeit von Freud als Basisarbeit, um seine eigene Vorstellung von einer ganzheitlichen Psychologie zu entwerfen, die später zum Konzept der Psychosynthese wurde. Er entwickelte sein eigenes Erziehungs- und Therapiemodell, das den Menschen mit seinen höheren Bestrebungen nach Lebenssinn und Erfüllt-Sein berücksichtigt.

Der Schweizer Psychiater Carl Gustav Jung entwickelte ebenfalls Anfang des 20. Jahrhunderts ein eigenes Konzept, die analytische Psychologie, und sprach dabei vom Prozess der Individuation oder Ganzwerdung. Assagioli stand im Briefkontakt mit Jung und später auch mit Freud; sie tauschten sich untereinander offen aus und unterstützten sich durch Kommentare. Im Gegensatz zu Freud, fasste Assagioli das Unbewusste nicht nur als Schatten, sondern auch als Quelle des Schöpferischen, der Inspiration und Intuition auf. Freuds psychoanalytisches Modell war mehr pathologisch orientiert. Chris Robertson fasst es wie folgt zusammen: „Der Freudsche Blickwinkel findet sich damit ab, dass das menschliche Leben von der Natur entfremdet ist." Die Sicht der Psychosynthese konzentriert sich hingegen auf die positiven Aspekte des Menschen im Überbewusstsein. Diese werden anhand bestimmter Techniken gezielt gefördert, auf die ich später noch konkreter eingehen werde. Sigmund Freud zufolge, war die Analyse umfassend und wäre in der Lage, eine Synthese von alleine herbeizuführen. Der von Assagioli als höheres Unbewusstes bezeichnete Bereich, der das Schöpferische beinhaltet, war für Freud ohne Relevanz. Trotzdem sollte man nicht vergessen, dass gerade Freuds Arbeit und Entwicklung der Psychoanalyse den Boden für Roberto Assagiolis, Carl Gustav Jungs und Alfred Adlers neue Wege in der Psychologie bereitet haben. Nicht zu vergessen, die vielfältigen heutigen Ausprägungen der Psychoanalyse!

## Die Unterschiede zwischen der Psychoanalyse und Psychosynthese

„Es ist als ob Freud uns die kranke Hälfte der Psychologie geliefert hat und nun müssen wir sie ergänzen und auffüllen mit der gesunden Hälfte." Dieses Zitat von Abraham Maslow hebt die Bedeutung der Psychoanalyse hervor, und dass sie als ein wichtiger Grundstein weitere Entwicklungen verschiedener Psychologie-Schulen beeinflusste und neue Wege ebnete. Die Psychoanalyse verdient insofern als Fundament für weitere Therapiemodelle gewürdigt zu werden.

Die Psychoanalyse betrachtet den Menschen als triebgesteuert und fremdbestimmt, sie ist problemzentriert und richtet ihren Blick auf die Kindheitserfahrungen und somit auf die Vergangenheit. Die Heilung und Persönlichkeitsentwicklung vollzieht sich bei der Psychoanalyse durch mentales Analysieren und Verstehen. Der Blick der Psychoanalyse richtet sich auf die Defizite und Mängel im Menschen, deren Betonung, wie man heute weiß, nicht unbedingt zum kreativen Handeln inspirieren.

Die Psychosynthese betrachtet den Menschen als ganzheitliches, als holistisches Wesen, dem ein spirituelles Streben nach Wachstum und Sinn im Leben innewohnt. Sie fördert ein selbstbestimmtes Leben und die Bewusstheit in Hinsicht unbewusster Einflüsse. Die Psychosynthese ist lösungsorientiert und untersucht, welche Persönlichkeitsanteile in der Gegenwart im Widerstreit miteinander sind und den Menschen daran hindern, handlungsfähig zu sein. Bei der Psychosynthese kann Heilung und Persönlichkeitswachstum durch Akzeptanz und Ressourcenaktivierung geschehen. Bei beiden Therapieformen ist die Perspektive das entscheidende Merkmal. Der Blick der Psychosynthese richtet sich auf die Fülle im Menschen, welche Stärken und Anlagen für die Lebensgestaltung vorhanden sind und ist auf Motivation und Kraft zum Handeln ausgerichtet.

Die Arbeitsweisen unterscheiden sich insofern, dass die Psychoanalyse durch freies Assoziieren, Gespräch und Hypnose und die Psychosynthese mittels Entspannungsverfahren, Fantasiereisen und Visualisierungen sich Zugang zum Unbewussten schafft. Auf den Ansätzen des Unbewussten der Psychoanalyse aufbauend, schließt die Psychosynthese das höhere Unbewusste mit seinen edlen, schöpferischen Impulsen mit ein. Sie geht zwar ebenfalls analysierend auf die Vergangenheit ein, hält sich dort jedoch nicht länger als nötig auf und fokussiert dann Gegenwart und Zukunft. Die Psychosynthese leistet insofern Soforthilfe, indem sie die vorhandenen Ressourcen im Menschen aktiviert, um erste Veränderungsschritte einzuleiten. Die Psychoanalyse hingegen fokussiert vornehmlich die Vergangenheit und fördert außer mentalen Erkenntnissen keine schöpferischen Potenziale und Ressourcen, die direkt ein neues lebensbejahendes Verhaltensmuster beim Klienten bewirken könnten. Dennoch möchte ich nochmals hervorheben, dass der Wert der Psychoanalyse darin liegt, dass sie als Mutter vieler Therapieformen angesehen werden kann, auch wenn sie meiner Meinung nach, kein effektives Therapieverfahren darstellt.

# Psychagogik –
# der Ursprung der Psychosynthese

Für Roberto Assagioli war die Psyche des Menschen lebendig, beweglich und geschmeidig. Er vertrat die Ansicht, dass der Mensch bis ins hohe Alter fähig ist, zu lernen, latente Anlagen und verborgene Talente zu entfalten und sich zu verwirklichen. Es ging ihm nicht allein um die Heilung von Traumata und um die Auflösung von Blockaden, es war ihm vielmehr wichtig, dass der Mensch sich seines eigenen Handlungsvermögens bewusst wird. Die Aufgabe der Psychagogik ist, den Menschen bei seiner selbstständigen Erziehung zu unterstützen und ihn zu lehren, aus sich heraus das zu leben, was er ist und was ihn auszeichnet.

Die „Psychagogik" setzt sich aus zwei griechischen Wörtern zusammen: Psyche und Agogik. Psyche („Hauch", „Leben", „Seele") umfasst die Gesamtheit bewusster und unbewusster seelischer Vorgänge. Die Agogik (agogos, „führend") meint das Anleiten und Begleiten von Menschen zur Entfaltung.

Im Zentrum der Psychagogik und der Psychosynthese steht das Prinzip: „Die Quelle, die mich nährt ist in mir". Es geht im Grunde darum, dass der Mensch lernt, sowohl seelisch als auch persönlich und spirituell eigenständig zu wachsen, um zu reifen und sich auszudehnen. Dieser Fokus ermöglicht es, präventiv zu handeln und somit gesund zu bleiben. An dieser Stelle sei noch erwähnt, dass Assagioli die Psychosynthese zuerst als Bio-Psychosynthese bezeichnete, weil sie nicht nur auf die Psyche, sondern auch auf den Körper einwirkte. Als Arzt und Psychoanalytiker wollte er mittels der Psychosynthese zur Einheit von Seele und Körper gelangen.

# Die Erfahrung der Selbstwirksamkeit

Die Psychosynthese ist ein effektives Verfahren der Energiearbeit, indem sie Methoden und Instrumente anwendet, die erlebnisorientierte Prozesse in der Psyche des Menschen auslösen. Durch das Spüren der Emotionen, wie zum Beispiel Freude, erfährt und erinnert sich beispielsweise ein depressiver Mensch, dass es nach wie vor möglich ist, dieses Gefühl in sich zu erfahren.

Eine Veränderung unserer Einstellung und unseres Verhaltensmusters geschieht in erster Linie durch eine Neuerfahrung, eine neue Empfindung. Da Emotionen eine enorme Schubkraft besitzen, setzt die Psychosynthese hier an. Selbstwirksamkeit entspricht einer persönlichen Einschätzung der eigenen Kompetenzen, mit allgemeinen Situationen und Schwierigkeiten umgehen zu können. Die Überzeugung hinsichtlich der eigenen Fähigkeiten bestimmt also, wie Menschen in einer gegebenen Situation denken, empfinden, sich motivieren und handeln. Unser Verhalten wird durch das, was wir innen wie außen erzeugen widergespiegelt.

Durch die Selbsterziehung erfährt sich der Mensch in seiner Selbstwirksamkeit und erlebt, dass er Einfluss auf sein Denken, Fühlen und Handeln hat. Er erfährt auch, dass er in sich selbst eine innere Instanz hat, die gekennzeichnet ist von Sinn und Werten, die ihn tragen und führen. Wie ein persönlicher Fingerabdruck zeichnet dies seine Individualität aus. Das Wissen, eine Quelle in sich zu haben, die in einem entspannten Zustand Antworten und Lösungen bietet, verleiht ein Gefühl von Geborgenheit und Leichtigkeit.

Assagioli entwickelte insofern zuerst eine Psychagogik und wandelte sie später in die Psychosynthese um. Das Wort Synthese stammt vom Griechischen „sýnthesis" ab und bedeutet „Verbindung, Verknüpfung". Grundlegend geht es darum, den Kontakt zum ureigenen Wesenskern herzustellen, um aus diesem So-Sein heraus sein Leben zu gestalten und zu einer Anbindung zu unserem höheren Unbewussten zu gelangen.

Um an unseren Wesenskern zu gelangen, müssen Blockaden im Unterbewusstsein Schicht um Schicht abgetragen werden; dies kann durch die Techniken der Psychosynthese geschehen.

# Assagiolis großes Interesse an der Theosophie

Der Begriff Theosophie stammt aus dem Griechischen und steht für „Göttliche Weisheit". Die Theosophie sieht in allen religiösen Bestrebungen einen sie verbindenden gemeinsamen Punkt. Diese Weltanschauung verbindet alle Menschen zu einer Bruderschaft. Um das Wirken von Assagioli besser zu verstehen, ist es wichtig zu wissen, womit er sich beschäftigt und welche besonderen Menschen und geistigen Lehren ihn beeinflusst hatten. Es gibt zwei große Persönlichkeiten der Theosophie, zum einen Helena Petrovna Blavatsky und zum anderen Alice Bailey. Beide Theosophie-Lehrerinnen möchte ich Ihnen näher vorstellen.

„Es gibt keine höhere Religion als die Wahrheit", war das Motto von Blavatsky, die von 1831 bis 1891 lebte. Sie besaß angeblich mediale Fähigkeiten und reiste vielfach in den nahen und fernen Osten sowie in die USA, um sich in esoterischen Lehren unterrichten zu lassen. Ihrem Ansatz der Theosophie zufolge, habe jeder Mensch das Recht, frei zu denken und zu handeln. Kein Mensch müsse sich Dogmen unterordnen oder auf seine Religion verzichten.

Auch Alice Bailey (1880 bis 1949) reiste viel und ließ sich von den Tibetern in deren spirituellen Praktiken unterweisen. Sie verfasste zahlreiche Schriften. Ihr Anliegen war es, Menschen zu helfen, ihre Anbindung zum Schöpferischen in sich wiederzufinden. Sie gründete 1923 die Arkanschule, in der Assagioli sie auch besuchte.

# Die Essenz und die Ziele der Theosophie

Assagioli ist es gelungen, die verschiedenen Strömungen, die ihn beeinflussten, miteinander zu verbinden; insbesondere die Theosophie von Blavatsky und die theosophische Arkanschule von Alice Bailey, die gleichermaßen die Anbindung ans höhere Unbewusste betonten. Durch diesen Hintergrund gewann er eine ganzheitliche Perspektive, die seinen Bewusstseinshorizont erweiterte. Er erkannte, dass der Mensch bislang lediglich in Fragmenten betrachtet worden war und nicht alle Ebenen seiner Persönlichkeit berücksichtigt worden sind. Die Theosophie hat Assagioli in Hinsicht auf ein offenes und tolerantes Menschen- und Weltbild beeinflusst. Seine theosophische Haltung spiegelt sich auch in seiner Psychosynthese wieder, die nicht einschränkend, sondern miteinschließend ist. Die Theosophie unterstützt das unabhängige und freie Denken des Menschen. Die Hauptziele der theosophischen Gesellschaft sind: „Erstens, einen Kern der Universellen Bruderschaft der Menschheit zu bilden, ohne Unterschied der Rasse, des Geschlechtes, der Kaste und der Hautfarbe. Zweitens, das vergleichende Studium der Religionen, der Philosophen, der Wissenschaften zu fördern. Drittens, die unerklärlichen Naturgesetze und die latenten Fähigkeiten des Menschen zu erforschen". Im Anhang des Buches werden die Ziele ausführlicher beschrieben.

# 2.
# Die Geburt der Psychosynthese

> „Ich bin kein Mechanismus, keine Ansammlung
> von verschiedenen Teilen, und es ist nicht, weil
> der Mechanismus falsch arbeitet, dass ich krank
> bin. Ich bin krank aufgrund von Wunden an der
> Seele, am tiefen emotionalen Selbst."
>
> *D. H. Lawrence*

Nachdem Assagioli als erster die Psychoanalyse Freuds in Italien
verbreitete und weiter entwickelt hatte, schuf er seine eigene
Methode. Im Alter von 11 Jahren hatte er in Venedig unvermittelt
eine Vision der Psychosynthese, als er einen Sonnenuntergang
betrachtete. Zwanzig Minuten lang soll die Eingebung über den
Aufbau der menschlichen Struktur durch sein höheres Unterbewusstsein gedauert haben. Damit stand Assagiolis Bestimmung
bereits in jungen Jahren seiner Kindheit fest und alles in seinem
Leben fügte sich um seine Lebensaufgabe, eine Psychologie zu
entwickeln, die dem Innenleben des Menschen gerecht wird. Er
sagte: „An jenem Tag erschien mir das Skelett der Psychosynthese, und dann habe ich mein ganzes Leben lang Fleisch um dieses
Skelett getan". Sein Ziel war es, anhand eines Modells, das den
Schwerpunkt auf das höhere Unbewusste legt, die im Menschen
angelegten höheren Bestrebungen nach Sinn und Wachstum zu
stillen.

# Assagioli haucht Abraham Maslows Theorie Leben ein

Beim Schreiben seiner Doktorarbeit über die Freuds Psychoanalyse 1910 stieß Assagioli sich an den Grenzen der Psychoanalyse: Ihn störte die Ansicht, dass der Mensch allein durch seinen biologischen und sexuellen Trieb gesteuert werde, ihm fehlte die Dimension der höheren oder „Metabedürfnisse", wie Maslow sie nannte. Von Natur aus ist es im Menschen angelegt, seine Anlagen und Fähigkeiten entdecken und ausleben zu wollen. Geschieht dies zeitlebens nicht, fühlt sich der Mensch von seiner wahren Identität abgeschnitten. In Anlehnung an Abraham Maslows Bedürfnispyramide, die auch die Metabedürfnisse des Menschen nach Selbstverwirklichung beinhaltet, entwirft Assagioli die Psychosynthese, die die Entfaltung des Menschen unterstützt. Er erkennt auch, dass das ungelebte Verwirklichungspotenzial im höheren Unbewussten sich gegen den Menschen als psychische Waffe richten kann und Krankheiten wie Krisen verursacht. Es sind mächtige Kräfte des Unbewussten, die sich in aggressive Kampfenergien verwandeln und sich destruktiv ausdrücken können. Assagioli und Maslow vertraten die Ansicht, die höheren oder Metabedürfnisse seien genauso real wie das Bedürfnis nach Hunger, Sicherheit und Selbsterhaltung.

Maslows humanistische Psychologie handelt vom „Menschen im Menschen". Sie hat die „Vollmenschlichkeit" und Verwirklichung der latenten Potenziale und Talente zum Ziel. Dies ist auch der fruchtbare Boden, auf dem die geistige, seelische und körperliche Gesundheit entsteht und wächst. Die Gesundheit und dass Sinnempfinden im Leben sind abhängig von der Befriedigung der höheren Bedürfnisse. Der Mensch wird krank, wenn er seinen wahren Wesenskern verleugnet und nicht auslebt. Im Anhang dieses Buches werden die Unterschiede zwischen den höheren und niederen Bedürfnissen in Abraham Maslows Bedürfnismodell dargestellt.

# Die höhere menschliche Dimension

Die Psychosynthese wurde aus der Erkenntnis und Notwendigkeit heraus geboren, dass der Mensch ein spirituelles Wesen ist, mit einem Verlangen nach höherem Sinn und Werten, die ihre Instanz im Überbewusstsein des Menschen haben. Assagioli berücksichtigte diesen elementaren Aspekt des Menschseins mit dem Streben nach Vollständigkeit, um aus sich heraus die ureigene Wirklichkeit schöpferisch zu erschaffen. Es gilt, die Tiefe der Seele und die Weite des Geistes zu ergründen und möglichst zur ganzen Entfaltung zu bringen.

Wie wir hier sehen, sind die höheren Strebungen genauso elementar und grundlegend wie die niederen Bedürfnisse. Aufgrund der Wichtigkeit und Notwendigkeit für das vollkommene Menschsein sollte ihre Befriedigung nicht außer Acht gelassen und verleugnet werden. Die höheren Bedürfnisse, wie Maslow sie nennt, kommen aus dem Bereich des höheren Unbewussten und sind genauso real wie die niederen Bedürfnisse aus dem unteren Unbewussten. Assagioli baut nicht nur allein auf Maslows Konzept auf, sondern er zieht Freuds Psychoanalyse und die Psychagogik als Fundament für die Erschaffung seiner Psychosynthese hinzu. Auf dieser Grundlage wird aus der Psychoanalyse und Psychagogik die Psychosynthese geboren. Sie bildet ein offenes und eigenes System, das allen Menschen religions- und kulturübergreifend als Instrument zur persönlichen Weiterentwicklung zur Verfügung steht. Die Psychosynthese versteht sich als Hebamme, die einen Menschen darin unterstützt, seine eigene Autorität und Persönlichkeit zu werden; sie fördert die Autonomie und Integrität des Menschen. Assagiolis Psychosynthese wendet sich in erster Linie an Menschen, die sowohl persönlich als auch spirituell sich weiter entwickeln und wachsen wollen.

# Das schöpferische Selbst, die gemeinsame Vision von Assagioli und Fromm

Erich Fromm war deutscher Sozialwissenschaftler und Psychoanalytiker und lebte von 1900 bis 1980 in Deutschland, USA und Mexiko. Seine Bücher „Die Kunst zu lieben" und „Haben oder Sein" wurden weltberühmt. Er proklamierte, die Liebe biete die höchste Erfüllung und sie sei der einzige Weg, „mit der Welt eins zu werden und gleichzeitig ein Gefühl der Integrität und Individualität zu erlangen". Sein Bestreben auf individueller und gesellschaftlicher Ebene bestand darin, ein humanes System zu erschaffen, in dem jeder Mensch seine Anlagen und Fähigkeiten entfalten und aus seinem wahren Wesenskern entsprechend leben kann. Ich sehe die Parallelen zwischen Fromm und Assagioli darin, dass beide das „authentische Selbst" des Menschen im Fokus hatten. Beide hatten die Vision eines menschengerechten Gesellschafts- und Wirtschaftssystems, das Werte, Sinn im Tun und die höheren Bedürfnisse des Menschen berücksichtigt und Bereiche schaffte, in denen diese auch befriedigt werden können. Erich Fromm kritisierte in seinen Büchern immer wieder die Entfremdung des Menschen von seiner wahren Identität und seinem Ich.

Seine Ziele waren eine freie Individualität und Gemeinschaft, in dem jeder Mensch seine Potenziale und persönlichen Anlagen verwirklichen könne, ohne Gefahr zu laufen, bei Nichtentfaltung innerlich zu verkümmern. Er hält folgende Kriterien für die Selbstentfaltung fest: „Die Voraussetzungen für die Existenzweise des Seins sind Unabhängigkeit, Freiheit und das Vorhandensein kritischer Vernunft. Ihr wesentliches Merkmal ist die Aktivität, nicht im Sinne eines inneren tätig Seins, dem produktiven Gebrauch der menschlichen Kräfte. Tätig sein heißt, seinen Anlagen, seinen Talenten, dem Reichtum menschlicher Gaben Ausdruck zu verleihen, mit denen jeder – wenn auch in verschiedenem Maß – ausgestattet ist. Es bedeutet, sich selbst zu erneuern, zu wachsen, sich zu verströmen, zu lieben, das Gefängnis des eigenen isolierten Ichs zu transzendieren, sich zu interessieren, zu lauschen, zu geben." Hier wird die gemeinsame Vision und Passion – das schöpferische Selbst deutlich. Assagioli und Fromm verfolgten beide leidenschaftlich eine hehre Vision für die Menschheit und bildeten im Rahmen dessen, was möglich war, Ansätze um diesem Ziel ein Stück weit näher zu kommen. Die Psychosynthese ermöglicht anhand ihres Methodenreichtums Schritt für Schritt, die Selbstverleugnung, in der die Mehrheit der Menschen steckt, aufzudecken, bis zu dem Punkt, an dem sich der wahre Wesenskern des Menschen zeigt. Bewusst aus dieser Essenz heraus zu leben, macht den Menschen dann zu einer schöpferischen Quelle; dies ist der Durchbruch zum authentischen Selbst. Die permanente Spannung des Rollenspiels löst sich auf und ein neues Lebensgefühl von Freiheit eröffnet sich.

## Die Seele als Realität

Die Seele steht im Zentrum von Assagiolis Psychologie. Er wollte die Tiefenpsychologie mit einer Art „Höhenpsychologie" vervollständigen, die die Entwicklung und das Wachstum des menschlichen Potenzials mit einschließt. Der Mensch hat ein höheres Selbst, das durch sein spirituelles Streben nach Weisheit, Liebe, Freude, Intuition und Sinn gekennzeichnet ist, und das ebenso real ist, wie die Triebe von Sexualität, Selbsterhaltung, Sicherheit, Geborgenheit und Schutz. Assagioli war bestrebt, eine wissenschaftliche Psychologie mit einem praktischen Modell der Selbstverwirklichung ins Leben zu rufen, die den Menschen darin unterstützen sollte, seine Anlagen komplett zu realisieren. Er wählte die wertfreie Bezeichnung „transpersonal" anstelle des Begriffs „spirituell", um deutlich zu machen, dass es sich hier nicht um eine Anbindung an institutionalisierte Religionen handele, sondern um etwas, das über den Menschen (transpersonal) hinaus geht, nämlich die „religio", die direkte Anbindung an das Göttliche ohne Mittler im eigentlichen Sinne.

Assagioli bezeichnete das höhere Unbewusste im Menschen als das Überbewusste. Damit sind die Anlagen, Fähigkeiten und Fertigkeiten gemeint, die darauf warten, entdeckt und gelebt zu werden. In Krisenzeiten können wir auf das Überbewusste zurückgreifen, um zu unserer Kraft und unserem Potenzial zu finden und den Schwierigkeiten im Leben zu begegnen. Das Überwusste bildet das Gegenstück zum Unterbewussten. Das Unterbewusstsein ist durch Inhalte wie Erinnerungen, Blockaden und Verdrängtes gekennzeichnet. Es drückt sich zum Beispiel durch Konflikte in zwischenmenschlichen Beziehungen, durch Krankheiten oder Widerstände aus. Das Unbewusste verhält sich komplementär zum Überbewussten, wobei jedoch dem Überbewussten eine zentrale Bedeutung in der Psychosynthese zukommt.

Beide Ebenen, sowohl das Überbewusste als auch das Unbewusste, machen sich bemerkbar, wenn sie nicht gelebt und wahrgenommen werden. Denn auch das Überbewusstsein mit seiner lichten Seite, unser brachliegendes Potenzial, kann sich unangenehm aufführen. Es kann uns aufwecken, damit wir unsere Identität wiederentdecken und authentisch leben und uns nicht mehr von äußeren Konditionierungen gängeln lassen. Der Selbstverlust bzw. Selbstverleugnung der eigenen Identität, staut massive Energie in uns auf, die sich eines Tages gegen uns richten kann. Traumata und Verletzungen, die im Unterbewusstsein abgespeichert sind, können in Form von Konflikten und Krisen an die Oberfläche steigen. Sie bilden für uns eine Gelegenheit, uns an unsere eigene Wahrheit zu erinnern.

# Die Sprache der Seele

Bilder und Symbole sind die Sprache der Seele; sie öffnen den Zugang zum Unbewussten in uns. Mittels der Bildersprache können wir erkennen, was wir an positiven und negativen Erlebnissen in unserem Unbewussten abgespeichert haben. Diese inneren Bilder des Unbewussten drücken den Zustand unserer Seele aus.

Während der Entspannungsphase nimmt der Psychosynthese-Begleiter Kontakt mit dem Unbewussten des Klienten auf. Das Verfahren ähnelt ein wenig dem der Hypnose, wobei der Klient hier jedoch bewusst das Geschehen in der Sitzung mitbekommt und nicht vom Wirken des Therapeuten abhängig ist. Das Unbewusste lässt Symbole und Bilder im Bewusstsein des Klienten aufsteigen. Anschließend werden im Dialog mit dem Klienten diese Bilder intensiv analysiert und gedeutet. Ohne dass es uns bewusst ist, werden wir im alltäglichen Leben durch unsere Prägungen aus dem Unterbewusstsein beeinflusst. Je nach Wirkungsgrad können sie uns blockieren oder fördern. Hier setzt die Psychosynthese an, indem sie durch die Bilderarbeit im Unbewussten eine neue seelische Selbstorganisation in Gang setzt, die unsere Lebensenergie und Geisteshaltungen wieder zum Fließen bringt.

## Das Schöne, das Gute und Wahre

Die Psychosynthese ist eine Psychotherapie mit Seele, die sich nicht nur auf das Unterbewusstsein gründet, sondern das Höhere Selbst des Menschen hervorhebt. Der Wesenskern unserer Persönlichkeit soll aufgedeckt werden und Raum zum authentischen Selbstausdruck bekommen. Im Bereich des höheren Unbewussten finden wir zahlreiche Ressourcen, wie etwa die Kreativität und Quellen der Kraft, die sich durch Intuition, Eingebung und Imagination ausdrücken, kurzum: Die Fülle im Menschen. Erich Fromm hat es wunderschön auf den Punkt gebracht: „Der reiche Mensch ist der Mensch, der viel ist, und nicht der Mensch, der viel hat". Der Mensch fühlt sich vollständig, wenn er seine edlen inneren Anteile zum Ausdruck bringen kann. Geschieht dies nicht, birgt ein unterdrückter Selbstausdruck die potentielle Gefahr einer Selbstverletzung durch Krankheit oder den Verlust des Selbst. Hierin liegt oftmals auch die Ursache für Suchterkrankungen. Die ungestillte Sehnsucht nach einem authentischen So-Sein, verwandelt sich in eine Sucht nach Ersatzbefriedigung.

Es ist wichtig, dass wir uns bewusst machen, welchen Reichtum wir in unserem Inneren besitzen und dass oft zwei Ebenen in uns wirken: die bewusste und die unbewusste. Beide Ebenen sind gleichwertig. Das höhere Unbewusste verlangt nach seiner Verwirklichung und Ausschöpfung seines Potenzials, das sich in einem gelebten Leben widerspiegeln möchte. Assagioli fasste dies mit folgenden Worten zusammen: „Es kann und es muss sich eine „Psychologie des Höheren" konstituieren, die beides ist: wissenschaftlich und spirituell. Nur auf diese Weise wird es gelingen, dem menschlichen Geist in all seinen Aspekten zu verstehen. Wir müssen die niederen Aspekte ohne Angst und Heuchelei anerkennen, dürfen dabei aber nicht jene höheren vernachlässigen, die „mindestens" ebenso wirklich sind und uns den leuchtenden Weg zeigen, auf dem der Mensch zur freudigen Verwirklichung seines höchsten Potenzials gelangen kann."

# 3. Vom Pseudo-Ich zum wahren Ich

„Wir können davon ausgehen, dass alles was wir brauchen, in uns veranlagt ist. Doch kommen unsere „Gaben" nicht zur Entfaltung, solange wir sie als einzelne Teile betrachten. Unsere Aufgabe ist es, diese „Gaben" zusammenzuführen und auf nutzbringende Weise zu verwenden. Nichts hat Bedeutung, das wir getrennt betrachten. Doch wenn die Fragmente in einer Synthese zusammenfinden, erwacht eine neue Ganzheit."

*Piero Ferrucci*

In der Regel wird uns bereits in der Kindheit beigebracht, sich dem Umfeld anzupassen und sich Autoritäten unterzuordnen, seien es nun Eltern, Lehrer, Religion oder politische Ansichten. In dieser abhängigen Situation, aus Angst, verstoßen und nicht angenommen zu werden, beginnt man häufig, sein wahres Ich zu verleugnen. So kann ein Pseudo-Ich entstehen, wenn das Ich sich nicht abgrenzen und durchsetzen kann. Das Tragische daran ist, dass dieser Zustand bis ins Erwachsenenalter bestehen bleibt. Edith Zundel bezeichnet die Probleme, die aus einer instabilen Ich –Struktur hervorgehen wie folgt: „Entfremdung und Isolierung, Partnerschafts-Beziehungsschwierigkeiten, Abhängigkeit und Sucht, und Gefühle von Leere und Sinnlosigkeit. Die Neufreudianer nennen das Ichentwicklungsstörungen oder Strukturpathologien. Wer sein Ich nicht richtig entwickeln konnte, keine rechte Struktur hat, kann weder zu sich selbst noch zu anderen stabile Beziehungen entwickeln. Oft füllt er diese Leere mit Alkohol und Drogen, mit der Gier nach Geltung, Besitz und Macht."

Eine Abspaltung von der ursprünglichen Identität findet statt, vom wahren Ich zum Pseudo-Ich. Es bilden sich verschiedene Persönlichkeitsanteile als Muster um die wahre Identität herum, erst wenn wir diese abgespaltenen Anteile zusammenführen und harmonisieren, sind wir wieder ganz und leben aus unserem So-Sein, unserer Fülle heraus.

## Nicht die Symptome stehen im Zentrum der Aufmerksamkeit

Bei der Arbeit an uns selbst ist eins grundlegend zu verstehen, nämlich dass Symptome, wie etwa Lebenskrisen, Mangel und Krankheiten ein Spiegelbild unserer eigenen Abspaltung von unserem wahren Wesenskern sind. Selbstverleugnung bedeutet Trennung von der Innenwelt, die sich wiederum in der Außenwelt widerspiegelt. Wenn ich lerne, meine ursprüngliche Identität zu leben und mich innerlich weiterentwickle, erfahre ich die Verwandlung meiner äußeren Realität. „Für Rogers, Perls, Maslow und andere stehen nicht die Symptome im Zentrum der Aufmerksamkeit; sie verlieren sich quasi von selbst, wenn das Individuum angemessene Wachstumsbedingungen erhält", schreibt Edith Zundel. Sie weist auf einen entscheidenden Aspekt hin, denn wenn das Grundproblem der Pseudo-Identität gelöst wird, tritt das strahlende Licht der echten Kern-Identität zutage. Die Außenwelt gleicht sich der Innenwelt an, dieser Prozess wird als Synchronisation bezeichnet. Hier wird auch deutlich, welch ein unermesslicher Wert es ist, zu unserer ureigenen Identität, unserem Urgrund in uns zu finden.

## Die Landkarte des Menschen

Assagioli entwickelte 1933 eine Landkarte des Menschen in Form eines eiförmigen Psychosynthese-Diagramms, das die unterschiedlichen Bewusstseinsschichten aufzeigt, aus denen sich unsere Psyche in groben Zügen zusammensetzt ist. So können wir uns am besten ein Bild von der Struktur des Menschen machen. Das Ei-Diagramm besteht aus drei horizontalen Ebenen, vom unteren, mittleren bis zum höheren Unbewussten, die die Vergangenheit, Gegenwart und Zukunft darstellen. Diese Ebenen des Unbewussten sind dynamisch und nicht statisch, und haben Einfluss auf unser Denken, Fühlen und Handeln.

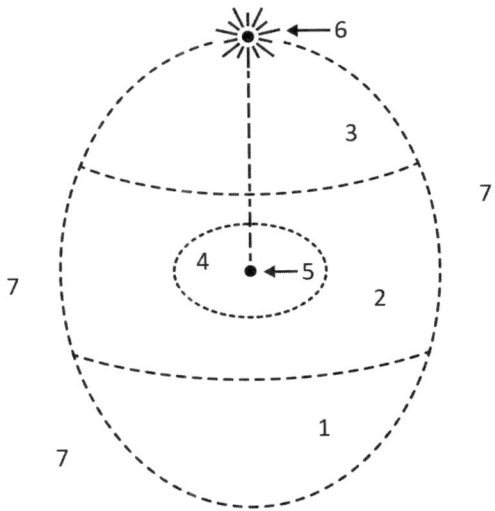

Die verschiedenen Ebenen des Psychosynthese-Ei-Diagramms
1. Das tiefere Unbewusste
2. Das mittlere Unbewusste
3. Das höhere Unbewusste
4. Das Bewusstseinsfeld
5. Das „Ich" oder bewusste Selbst
6. Das höhere (transpersonale) Selbst
7. Das kollektive Unbewusste

Die Bezeichnungen der unterschiedlichen Schichten vom unteren zum höheren Unbewussten verstehen sich wertfrei. Assagiolis Ei-Modell ist ganzheitlich orientiert und schließt alle Ebenen der Psyche von unten nach oben mit ein, was der Grund ist, warum die Psychosynthese eine Tiefenpsychologie und zugleich eine „Höhenpsychologie" ist, da sie alle Aspekte des Unbewussten berücksichtigt.

## I. Das tiefere Unbewusste

Hier befindet sich der Sitz der unterdrückten, verdrängten Gefühle, all unserer negativen Erfahrungen und unserer Bedürfnisse, Triebe und Impulse.

## 2. Das mittlere Unbewusste

In diesem Bereich befinden sich unsere abrufbaren Kompetenzen und Anlagen, die zu unserem Vorbewusstseinsraum gehören, sie sind liegen nicht in unserem Blickfeld, sind uns jedoch sehr nah und leicht zugänglich.

## 3. Das höhere Unbewusste oder Überbewusste

Hier sitzen die edlen und ästhetischen Eigenschaften, Ressourcen und Qualitäten des Menschen wie Liebe, Intuition, Kreativität, Inspiration und Zustände von Erleuchtung und Ekstase. Schriftsteller, Künstler, Wissenschaftler, Erfinder und Philosophen schöpfen aus diesem Bereich.

## 4. Das Feld des Bewusstseins

Das Bewusstseinsfeld kann mit einem Lichtstrahl verglichen werden, dass unsere Gedanken, Gefühle und Impulse sichtbar und somit jenen beleuchteten Teil der Persönlichkeit bewusst werden lässt.

## 5. Das bewusste Selbst oder „Ich"

Dies ist das Zentrum des Gewahrseins, aus dem heraus das Ich mit der Willenskraft unsere Gedanken und Gefühle beobachtet bzw. wahrnimmt und diese Kräfte zielgerichtet führt. Es ist der Punkt reiner Selbstbewusstheit, der durch Introspektion erreicht wird.

### 6. Das höhere/transpersonale Selbst

Das höhere Selbst ist unser ureigener Wesenskern und die uns innewohnende Urkraft. Inhalte, die aus dem höheren Unbewussten zufließen, entsprechen unseren latenten Potenzialen und unserem inneren Reichtum an Anlagen, kreativen Ideen, Eingebungen, Antworten, Lösungen, unseren Talenten, Fähigkeiten und dem inneren Ruf. Aus dieser synthetisierenden Quelle entspringen auch Sinn, Freude und Leichtigkeit.

### 7. Das kollektive Unbewusste

Das kollektive Unbewusste ist das Urmeer jeder Seele, das unsere Psyche und die gesamte Menschheit in einer Art Osmose miteinander verbindet. Es bildet die Einheit der gesamten Schöpfungsintelligenz.

## Die Erforschung des Unbewussten

Anhand des Ei-Diagramms können wir uns klarer vorstellen, welche Dimensionen an Bewusstsein in unserer Psyche vorhanden sind. Wir können vor allem erkennen, dass es einen bedeutsamen höheren unbewussten Anteil in uns gibt und wo dieser seinen Sitz in unserem Unbewussten hat. Es ist wichtig, den Begriff „unbewusst" genauer zu hinterfragen und zu definieren. Assagioli sagt dazu:„Unbewusst" ist ein Wort, das auf Gesamtheit verweist, auf die Summe der in uns ablaufenden, autonomen psychischen Aktivitäten. Es gibt einen ständigen Austausch zwischen der bewussten Persönlichkeit und den Elementen, den psychischen Aktivitäten des Unbewussten." Unser Unbewusstes ist lebendig und dynamisch und verlangt nach Selbstausdruck und Aufmerksamkeit. Je besser wir unser Innenleben verstehen und lernen, dieses zu führen, desto besser können wir diese Innenwelt begreifen und beherrschen. Wir werden künftig weniger fremdbestimmt durch unsere Konditionierungen und Triebe sein und dafür selbstbestimmter und authentischer handeln.

Assagioli bringt es auf einen Punkt: „Von vielen Ideen, Über-
zeugungen, Seelenzuständen und Impulsen kennen wir die Wurzeln, die Herkunft oder Ursache nicht. Wir sehen, um es so zu
formulieren, das bereits entstandene Produkt. Wir haben phi-
losophische, religiöse, poetische Auffassungen. Wir verhalten
uns anderen gegenüber auf eine bestimmte Art und Weise, wir
verspüren den Impuls, gewisse Handlungen auszuführen. Dessen
sind wir uns bewusst. Die wahren Ursachen dafür entziehen sich
uns jedoch, sie haben ihre Wurzeln in der Tiefe unseres Seins.
Dies genügt als Beweis für die praktische und lebenswichtige Bedeutung der Erforschung des Unbewussten".

# 4.
# Krisen als Erinnerung,
# uns weiterzuentwickeln

Wenn wir nicht wie Marionetten an unsichtbaren
Fäden hängend herum geschubst werden wollen,
wenn wir wissen möchten, wie und warum wir auf
bestimmte Art und Weise denken und handeln,
müssen wir diesen dunklen Bereich in uns einer
tiefen und mutigen Erforschung unterziehen."

*Roberto Assagioli*

Das Thema Krisen scheint gerade in unserer heutigen modernen Zeit Hochkonjunktur bekommen zu haben; wo man hinhört, gibt es Krisen, sei es am Arbeitsplatz, in der Partnerschaft, in der Freundschaft, in der Familie, mit der Gesundheit oder mit den Finanzen. Oftmals zieht ein Krisenherd alle anderen Lebensbereiche mit sich, was oft bei einem Verlust des Arbeitsplatzes zu beobachten ist. Denn nicht selten findet der Lebenspartner den arbeitslosen Menschen nicht mehr attraktiv und beendet die Beziehung. Ich brauche sicherlich nicht auszuführen, wie die Kette weitergehen könnte. Am schlimmsten fühlt es sich an, wenn wir von einer schweren oder lebensbedrohlichen Krankheit heimgesucht werden, die Jahre lang andauert. Das trifft ins Mark, insbesondere wenn man nicht ausreichend in einem wirtschaftlichen oder ein tragfähigen sozialen Netz eingebettet ist.

Doch wer oder was ruft eine Krise hervor? An erster Stelle sieht es so aus, als handele es sich lediglich um äußere Umstände, wenn der Job und die Beziehung einen nicht mehr befriedigen.

Wenn wir jedoch gründlicher hinsehen und die Existenz eines Unbewussten berücksichtigen, werden wir bald feststellen, dass wir den Puls des Lebens nicht mehr spüren und etwas in uns sich meldet und drängt, uns weiterzuentwickeln. Das Leben in uns will strömen und nicht verdrängt und unterdrückt werden. Assagioli verstand unter einer Krise ein Wachrütteln des Lebens. In seinem Modell spiritueller Krisen, führt er deren Entstehung er darauf zurück, dass wir uns einem innerlichen Wachstum widersetzen und unsere eigene Identität verleugnen. Die Selbstverleugnung unseres wahren Ichs hat zur Folge, dass der Druck wächst und ein Ventil benötigt, um einen Druckausgleich herbeizuführen. Dieser „Druckausgleich" geschieht dann durch eine Krise, die uns widerspiegelt, dass in uns etwas nicht mehr im Gleichgewicht ist. Eine Krise ist eine Herausforderung, unser falsches Ich abzulegen und unser wahres Selbst zu zeigen und zu leben; dann kann sie uns zu unserer tiefen Seelenwirklichkeit zurückführen. Da wir meist zu sehr von unseren alltäglichen Verpflichtungen eingespannt sind, fehlt uns oftmals der Blick für unser persönliches Wohlergehen und so lenken Krisen unseren Fokus zurück auf unseren gegenwärtigen Zustand.

Schmerzen und Krisen bilden eine Warnung für uns und erinnern uns an unser Höheres Selbst und unser wahres So-Sein. Da Entwicklung und Wachstum meistens keinerlei Priorität in unserem Leben besitzen, übernimmt eine andere Instanz für uns diese Aufgabe, weil auch unsere psychische Natur, der biologischen und geologischen Natur entsprechend, den Gesetzen der Evolution unterliegt. Evolution bedeutet immer Wandel, Erneuerung und Weiterentwicklung. Unsere Psyche ist dynamisch und nicht starr. Ohne Entwicklung und Wachstum entstehen Stagnation und Regression, die sich auf unser Leben deutlich auswirken: „Es gibt einen Schmerz, der erhebt, und einen Schmerz, der erniedrigt", nannte es der heilige Paulus.

Carl Gustav Jung bezeichnete dieses Phänomen, dass die Außenwelt unsere Innenwelt ausdrückt und darstellt, als Synchro-

nizität. Der Sinn einer Krise liegt in der Aufforderung zur Selbstreflexion und Selbstannahme.

## Assagiolis Krisen-Modell

### Krisen um spirituell zu wachsen

1. Die existenzielle Krise vor dem spirituellen Erwachen
2. Die Krise während des spirituellen Erwachens
3. Die Krise nach dem spirituellen Erwachen
4. Die Dualitätskrise

### 1. Die existenzielle Krise vor dem spirituellen Erwachen

Oftmals tritt die existenzielle Krise vor dem spirituellen Erwachen in der Mitte unseres Lebens auf, wenn wir bereits eine
gewisse Lebenserfahrung gemacht und eine Familie gegründet
haben sowie mehr oder minder beruflichen wie privaten Erfolg
verzeichnen können. Wir spüren auf einmal eine tiefe Sehnsucht
nach mehr; die Dinge und Menschen um uns herum stimulieren
uns nicht mehr. Wir erkennen, dass wir mehr sein können als wir
im Augenblick sind und ein Gefühl von Leere und Sinnlosigkeit, ja
eine tiefe Depression und tiefer Schmerz überwältigen uns. Diese
existenzielle Krise vor dem spirituellen Erwachen kann auch infol-
ge eines emotionalen Schocks, wie etwa den Verlust eines Menschen oder eine große Enttäuschung im Leben ausgelöst werden.

### 2. Die Krise während des spirituellen Erwachens

Das spirituelle Erwachen ist der innere Ruf unseres höheren
Selbst nach Selbstverwirklichung. Es gleicht einer Öffnung in uns,
einer Tür, die sich uns auftut und uns Zutritt zu dem gewährt, was
wirklich ist, und nicht nur unserer Vorstellung von Wirklichkeit
entspricht. Es geht um ein tieferes Hinschauen, um eine Erweiterung unseres Bewusstseins und Lebensgestaltungs-Spektrums.
Wir werden aufgefordert genauer hin zu sehen, zu hören und zu

spüren und unser inneres Potenzial an Fähigkeiten und Qualitäten auszudrücken. Jetzt ist die Zeit gekommen, bewusster aus unserem Inneren heraus zu leben und uns als der oder die zu zeigen, der oder die wir wirklich sind. Die Früchte, die daraus erwachsen, sind Zustände der Ruhe, Gelassenheit, Klarheit, Zuversicht und des Vertrauens. Die Rückverbindung zu unserem höheren Unbewussten erfüllt uns mit innerem Reichtum und schenkt uns Leichtigkeit und Geborgenheit in uns selbst.

### 3. Die Krise nach dem spirituellen Erwachen

Nach dem spirituellen Erwachen zeigt sich erneut eine Krise der Ernüchterung, denn wir kommen wieder mit unserer Alltagsrealität in Kontakt. Doch diese häufig tiefe transpersonale Erfahrung in unseren Alltag zu integrieren, ist nicht leicht. Die Hochgefühle von Frieden und Freude sind vorüber, unsere Verpflichtungen fordern Präsenz und Disziplin ab. Diese Wechselwirkung ist eine natürliche Folge unseres Lebensrhythmus. Gelingt es uns jedoch, diese „Umwertung unserer Werte", die mit einem spirituellen Erwachen einhergehen können, anzunehmen, dann können wir unserem Leben eine positive Wendung und neue Impulse geben, die uns zu der Einheit unseres Seins und zu einem Leben in Harmonie und Zufriedenheit führen können.

### 4. Die Dualitätskrise

Manche Menschen, die sich von der personalen Ebene nicht mehr angezogen fühlen, möchten oft nur noch auf der transpersonalen Ebene, die beim spirituellen Erwachen erfahren wurde, verweilen und dauerhaft dieses Wohlgefühl genießen. Sie fühlen sich von der alltäglichen Welt wie abgeschnitten. Diese Abspaltung vom persönlichen Leben und der Welt nennt Assagioli eine Dualitätskrise. Nicht selten geht damit der Wunsch einher, zu missionieren, was wiederum zu Konflikten mit der Umwelt führen kann. Es ist wichtig zu erkennen, dass das psychische und physische Gleichgewicht nur durch allmähliche Stufen eines

Wandlungsprozesses wieder erlangt werden kann und die erschütternden Erfahrungen in das Leben mit seinen vielfältigen Herausforderungen integriert werden müssen.

## Erinnerung an unser wahres Selbst

Assagioli geht davon aus, dass wir einer schöpferischen Intelligenz, die in manchen Kreisen auch Gott genannt wird, entspringen, und dass diese unseren Urgrund bildet, mit dem alle Menschen verbunden sind. Eine Krise ist insofern eine Aufforderung, uns mit unserem wahren bzw. höheren Selbst, dem wir uns entfremdet haben, wieder zu verbinden. Es geht um einen Ausgleich, eine Harmonisierung der inneren und äußeren Dimension unseres Lebens. Unsere innere Welt haben wir im Treiben unseres bisherigen Lebens vernachlässigt oder gar nicht beachtet. Wir haben unsere höheren Bedürfnisse nach Sinn und Entfaltung vergessen. Die Krise erinnert uns an unser wahres Selbst und daran, mit unserem echten Wesenskern Kontakt aufzunehmen und aus der Fülle dieses So-Seins zu schöpfen und zu leben.

## Die Verwirklichung unseres Selbst

Dieser Wendepunkt in unserem Leben, der sich häufig durch eine spirituelle Krise manifestiert, führt zu Wandlung und nicht selten zu einschneidenden Veränderungen in unserem Leben, durch die wir uns weiter entwickeln und seelisch wie menschlich reifen können. Von nun an geht es eher um Themen, wie den Sinn des Lebens und die für uns passende und stimmige Lebensaufgabe zu entdecken. Wir werden uns bewusst, dass wir nicht ewig leben werden, dass unser Leben endlich ist. Wir beginnen gründlicher über uns und die Welt nachzudenken und verspüren vielleicht auch den Wunsch, Spuren als eine Art Erinnerung an uns zu hinterlassen.

Das Erkennen von Prioritäten hilft uns bei der Umorientierung in unserem Leben. Neue Werte treten in den Vordergrund

und wir versuchen, sie auch in unser Verhalten und Handeln zu integrieren. Das Streben nach Sinn und edlen Werten ist in unserem Wesen fest verankert und stammt aus unserem höheren Unbewussten, dem spirituellen und schöpferischen Trieb. Wenn wir uns nicht weiter entfalten und reifen, neigen wir leicht dazu, krank und unglücklich zu werden. Unser höheres Bewusstsein umfasst die Potenziale und Qualitäten von tiefem Wissen, Weisheit, Mitgefühl, Barmherzigkeit und der schöpferischen Kraft. Um dieses Wissen in die Welt zu bringen, ist es unerlässlich, unsere tief eingeprägten Geisteshaltungen und Abwehrmechanismen aufzulösen und klare Entscheidungen zu treffen, welche Schritte wir für unsere Selbstverwirklichung unternehmen möchten.

Hierbei unterstützt und fördert die Psychosynthese unsere Selbstbestimmung und Entfaltung der menschlichen Anlagen. Die Entwicklung und Wachstum findet in zwei Dimensionen statt und zwar in der personalen und in der transpersonalen Dimension. Diese lassen sich in etwa sechs Phasen unterteilen.

Die Psychosynthese der personalen Dimension wird in zwei Phasen gegliedert. Erstens, die eigene Persönlichkeit gründlich kennenzulernen und zweitens, die unterschiedlichen Persönlichkeitsanteile zu beherrschen und auszubalancieren. Assagioli hob immer die Bedeutung einer gefestigten und gefassten Persönlichkeit hervor, weil dies die Grundvoraussetzung sei, um sich mit seinem höheren Selbst aus dem transpersonalen Bereich dauerhaft zu verbinden und adäquat mit seinen schöpferischen Inhalten zu verwirklichen.

Bevor wir uns verändern und uns spirituell weiterentwickeln können, besteht unsere vorrangige Aufgabe also darin, unsere Mitte zu stärken und zu stabilisieren. Wir lernen, uns selbst genauer zu beobachten und wahrzunehmen, wir achten auf unsere Bedürfnisse und unser Streben nach mehr Tiefe und Weite in unserem Lebenshorizont. Oftmals suchen wir in Seminaren und Einzelsitzungen der Persönlichkeitsentwicklung eine Antwort auf unsere innere Leere und die Sehnsucht nach einem erfüllten Leben. Indem wir die Entscheidung dazu treffen und anfangen, uns näher mit unserem Unbewussten auseinanderzusetzen, gehen wir einen Schritt auf uns selber zu und damit zu mehr Selbstliebe und Selbsttreue. Lassen wir uns auf die aktive innere Arbeit ein, an uns selbst zu arbeiten und uns zu erkennen, so winken als Lohn für diese Mühen tiefe Freude, Freiheit und die Gestaltung eines selbstbestimmten bewussten Lebens.

Die transpersonale Dimension in der Psychosynthese wird in vier Phasen unterteilt. Erstens, das Erwachen der Seele, zweitens, die Läuterung der Seele, drittens, die Synthese und die vierte und letzte Phase, die Rückkehr in den Alltag. Nachdem wir unser Ich auf der personalen Ebene geerdet und gestärkt haben, können wir uns dem nächsten Entwicklungsschritt zuwenden. Auf der transpersonalen Ebene steht unser höheres Selbst im Vordergrund, das es anzunehmen und auszudrücken gilt. Da die meisten von uns über Jahre diese Ebene ignoriert haben oder gar nichts von ihrer Existenz ahnten, werden wir auf der ersten Stufe des spirituellen Erwachens wachgerüttelt. Dieses Erwachen kann plötzlich oder durch Krisen hervorgerufen werden. Beim Erwachen stellt sich oft ein Gefühl von innerem Frieden und von Erholung ein. Dort, wo zuvor Sorgen und Existenzängste herrschten, tritt nun das Gefühl von tiefem Urvertrauen und Geborgenheit hervor.

Auf der zweiten Stufe, der Läuterung der Seele, begeben wir uns auf eine Selbsterforschungsreise. Wir öffnen uns den höheren Ebenen des Lebens und erklären uns bereit, unsere Potenziale für das Allgemeinwohl sinnvoll einzusetzen. In dieser Phase treten immer wieder Hürden und Widerstände auf, die uns unseren roten Faden vergessen lassen. Hier ist es besonders wichtig, Mut und Ausdauer zu haben und fest darauf zu vertrauen, dass sich die Hindernisse im Laufe der Zeit auflösen werden. Es gilt zu lernen, alles, was an Eigenschaften und Glaubensüberzeugungen nicht mehr zu uns gehört, dauerhaft in positive und nützliche Einstellungen umzuwandeln.

Auf der dritten Stufe geht es um die Verbindung und Einheit zwischen dem personalen und transpersonalen Selbst. Ab dieser Verwirklichungsphase sind wir lebendiger und leben aus unserem tiefsten Sein heraus. Unser Leben ist von nun an ständig dem Wandel und Veränderungen unterworfen. Indem wir Impulsen folgen und uns verändern, wandelt sich unser Leben von Starrheit zu sprudelnder dynamischer Vitalität, die uns weiter motiviert und inspiriert.

Abschließend kommen wir zu der vierten Stufe, der Rückkehr in den Alltag. All unsere transpersonalen Erfahrungen und neugewonnenen Qualitäten nützen uns wenig, wenn wir sie nicht in unsere Alltagsrealität integrieren. Unsere Potenziale sind ebenfalls Geschenke an unsere Mitmenschen. Sie sind nicht dazu gedacht, sie zu verstecken und aufzuheben, sondern vielmehr, sie anderen Menschen zugute kommen zu lassen, damit sie auch anderen dienen und weiterhelfen. Mit unseren Gaben, aus denen wir Aufgaben machen, können wir das Leben anderer Menschen bereichern und entscheidend zu ihrer Lebensqualität beitragen. Indem wir unser strahlendes Licht zeigen, ermutigen wir andere Menschen, sich ebenfalls auf den Weg der Selbsterkenntnis zu begeben und aus ihrem inneren Vermögen an Talenten zu schöpfen und die Welt mit diesen Schätzen zu bereichern.

# 5.
# Die vielen Ichs einer Persönlichkeit

> „Man braucht keine Zauberkräfte, um das eige-
> ne Leben zu ändern. Die Kraft, die man benötigt,
> steckt in dir selbst."
>
> *J. K. Rowling — Autorin von „Harry Potter"*

## Teilpersönlichkeitsarbeit

Teilpersönlichkeiten sind verschiedene Identitäten in uns, die in der Regel unbewusst agieren. Jede Teilpersönlichkeit hat ihre eigene Dynamik und Absicht und versucht sich mit ihren Interessen auszudrücken und durchzusetzen, indem sie eine Rolle übernimmt. Teilpersönlichkeiten entstehen oftmals in unserer Kindheit als Bewältigungsstrategie oder durch traumatische Erlebnisse, als wir noch nicht in der Lage waren, uns in einer schwierigen Situation durchzusetzen und abzugrenzen. Die Aufgabe der Teilpersönlichkeiten ist es, uns vor wiederholten negativen Erfahrungen zu schützen. Diese inneren Barrieren haben zur Folge, dass wir aus Angst, Schaden zu erleiden, äußere Projekte sowie unsere eigene Identität nicht verwirklichen. Bei der Psychosynthese ist es entscheidend, alle inneren unbewussten Hürden aufzulösen, um unsere Kräfte zu bündeln und in Fluss zu bringen.

Eine Teilpersönlichkeit ist ein verdecktes Muster, bei dem es oft zwei Gegenspieler gibt, zum Beispiel einen Zweifler und einen Mut-Macher, die jedoch beide einer Qualität entspringen. Mit der Teilpersönlichkeitsarbeit versuchen wir herauszufinden, welche Beweggründe und Absichten eine Teilpersönlichkeit verfolgt. Sobald wir wissen, was die Ursache für ihre eigenständige Dynamik ist, die uns häufig hemmt und blockiert, können wir die eingefrorene Energie „auftauen". Während unsere gesamte Persönlichkeit daraus Nutzen zieht, wenn die psychische Kraft zunimmt, öffnet sich die Teilpersönlichkeit und wird flexibler im Denken, Fühlen und Handeln.

Um die Prozesse bei der Arbeit mit den Teilpersönlichkeiten zu steuern, ist ein stark entwickeltes Ich erforderlich. Das Ich dient als vereinigendes Zentrum dieser verstreuten und hemmenden Teilpersönlichkeiten, die im Grunde nichts anderes als Muster sind. Im Folgenden werden die fünf Schritte der Teilpersönlichkeitsarbeit aufgeführt.

# Fünf Schritte der Teilpersönlichkeitsarbeit

## 1. Erkennen

Während einer Entspannungsreise in unsere Inneres, stellen wir uns vor, wir sitzen im Theater und rufen eine Teilpersönlichkeit auf, zum Beispiel die, die uns immer zweifeln lässt. In der Regel taucht die Teilpersönlichkeit als Gestalt auf, zum Beispiel als kleiner Gartenzwerg, der griesgrämig hin und her tanzt. Wir beginnen einen Dialog mit diesem Zwerg, der unsere Zweifler-Teilpersönlichkeit symbolisiert. Durch die Unterhaltung erfahren wir, was ihn bedrückt und beschäftigt. Indem eine Teilpersönlichkeit unsere Fragen beantwortet und ihre Bedürfnisse äußert, erkennen wir die Ursache für ihre Dynamik und für unser Verhaltensmuster, das sich auf unsere gesamte Persönlichkeit auswirkt.

## 2. Verstehen

Durch unsere neugewonnene Erkenntnis verstehen wir die Gründe und das Agieren der Teilpersönlichkeit in uns. Unser Verständnis hat zwar eine besänftigende Wirkung auf die Teilpersönlichkeit, entscheidender ist jedoch der Prozess des Akzeptierens.

## 3. Akzeptieren

Bei diesem Punkt ist es leichter, eine positiv besetzte als eine negativ besetzte Teilpersönlichkeit anzunehmen: ein wütender und nörgelnder Zwerg wirkt nicht gerade anziehend auf uns. Wenn wir jedoch unseren Blick tiefer und weiter ausrichten, werden wir wahrnehmen, dass die Teilpersönlichkeit uns eine Botschaft vermitteln möchte, damit wir unser Verhalten uns gegenüber ändern. Hinter den Teilpersönlichkeiten verbergen sich berechtigte Bedürfnisse, die verdrängt werden und befriedigt werden wollen. Indem wir sie akzeptieren, schaffen wir den Rahmen, uns mit unseren Schattenseiten, die letztlich eine verdeckte Kraft darstellen, vollständig und ganz zu fühlen.

## 4. Integrieren

Bei der Teilpersönlichkeitsarbeit beabsichtigen wir, die in uns gegensätzlich wirkenden Kräfte zu einer synthetisierenden Kraft zu bündeln. Über den bisherigen Prozess des Erkennens, Verstehens, Akzeptierens hinaus ist jetzt die Integration, eine wirksame Verwandlung der Teilpersönlichkeiten nötig, um einen Gleichgewicht herzustellen, das psychische Spannungen abbaut.

## 5. Synthese

Ziel ist es eine Einheit und Versöhnung in uns zu erlangen, die einen Seelenfrieden bewirkt. Die Synthese verbindet alle Teilpersönlichkeiten in Harmonie miteinander. Das hat zur Folge, dass wir uns entspannen und ganz fühlen können. Dies ist der höchste Prozess in der Teilpersönlichkeitsarbeit, zu dem wir nach einem intensiven Entwicklungs- und Wachstumsweg unserer Persönlichkeit gelangen können.

# Sinn und Zweck der Teilpersönlichkeitsarbeit

Die Schritte bei der Teilpersönlichkeitsarbeit sollen den Verwandlungsprozess der hemmenden Teilpersönlichkeiten verdeutlichen.

Teilpersönlichkeiten sind immer dynamisch und in Interaktion miteinander, was oftmals eine emotionale Zerrissenheit in uns hervorruft. Die Psychosynthese legt großen Wert auf die Arbeit mit den Teilpersönlichkeiten, weil sie unsere psychische Reifung voranbringt. Alte Verhaltens- und Rollenmuster, die wir einst zum Überleben und zum Bewältigen unserer Konflikte erzeugt haben, werden aufgelöst. Die Teilpersönlichkeitsarbeit ist ein tiefenpsychologischer Prozess, denn die Teilpersönlichkeiten entspringen dem unteren Unbewussten, wo sie verdeckt sind und Aspekte unseres Lebens sabotieren. Jede Blockade einer Teilpersönlichkeit birgt ein Potenzial, das durch die Teilpersönlichkeits-Arbeit freigesetzt wird.

# 6.
# Der Wille – ein zentraler Aspekt der Psychosynthese

„Eine der Hauptursachen des heutigen Durcheinanders ist der Mangel an Liebe auf Seiten derer, die Willen haben, und der Mangel an Willen bei jenen, die gut und liebevoll sind"

*Roberto Assagioli*

Roberto Assagioli misst dem Willen eine große Bedeutung zu: „Der Wille ist die zweite große Kraft neben der Liebe, die dem Menschen innewohnt." Nichts kann so dynamisch in uns sein, wie ein starker und gezielt eingesetzter Wille. Veränderungen kommen meist nicht zustande, weil der Wille zu schwach ist. Unser Wille wird oftmals von unserem sozialen Umfeld unterdrückt und nicht gefördert. Ein nicht umgesetzter Wille ist wie ein Kessel, der ab einem gewissen Punkt des Drucks Dampf ablässt. Wenn wir unseren wahren Willen leugnen, werden wir eines Tages erkennen, dass wir an uns vorbei gelebt haben. Der Wille entsteht aus der Verbindung mit dem Herzen oder aus Strebungen. Geben wir ihm Raum kann er zu einer treibenden Kraft in unserem Leben werden. Der Wille sollte jedoch nicht als egoistisches Durchsetzungsvermögen missverstanden werden. Er sollte vielmehr das Wohl anderer liebevoll und verständnisvoll mit einbeziehen und dahingehend wirken, dass alle Beteiligten Nutzen davon haben.

Ein Mangel an Willen zeigt sich oft an fehlenden Zielen, an mangelnder Disziplin und an fehlendem Engagement und geringer Begeisterungsfähigkeit. Die Aufgabe des Willens ist es, das angestrebte Ziel mit einer möglichst gut durchdachten konsequenten Planung der Zwischenschritte umzusetzen, während den Hürden mit Ruhe und Gelassenheit begegnet wird. Das heißt, wir behalten unser angestrebtes Ziel im Auge und lassen uns durch nichts und niemanden davon ablenken oder blockieren. Was den Willen im Kern auszeichnet ist eine unerschütterliche Entschiedenheit, Visionen oder Projekte mit Beharrlichkeit, ungeachtet widriger Umstände oder langer Zeiträume der Umsetzung zu verwirklichen.

Wenn wir uns mit unserem Willen verbinden, werden wir in der Lage sein, Konditionierungen und unproduktive Verhaltensweisen so zu verändern, dass wir künftig bewusster bestimmen, wer wir sein wollen, und unser Leben entsprechend neu ausrichten. Nicht selten werden wir durch Krisen in unserem Leben dazu veranlasst, unseren Willen zu entdecken und zu lernen, ihn einzusetzen, um eine Wende in unserem Leben herbeiführen zu können.

Wer innerlich stark sein will, sollte seinen Willen schulen. Eine starke Persönlichkeit zu entwickeln und ein unseren Wünschen und Bedürfnissen entsprechendes Leben zu führen, setzt einen festen und stabilen Willen voraus. Die Schulung des Willens steht daher in der Psychosynthese im Mittelpunkt. Ohne den Willen würden wir ein großes und weites Ziel nicht erreichen, denn der Wille ist wie ein Motor bei der Verwirklichung des Selbst. Der Wille steuert die verschiedenen Kräfte in uns und bringt diese ins Gleichgewicht.

Im Sternendiagramm Assagiolis wird die Position des Willens veranschaulicht und wie er unsere psychischen Elemente mittels Empfindung, Emotion/Gefühl, Imagination, Impuls/Wunsch, Gedanke/Denken und Intuition in uns bewegt und führt. Wenn wir unseren Willen nicht bewusst und gezielt einsetzen, agieren unsere psychischen Kräfte automatisch und unbewusst. Sie können beispielsweise ein Gefühl von Unschlüssigkeit in uns erzeugen, das unsere Aktion hemmt. Ein geschulter Wille fungiert wie ein

Dirigent, der ordnend und steuernd um das Zentrum des Ichs wirkt und gegebenenfalls eingreift.

## Graphische Darstellung des Sternendiagramms nach Assagioli

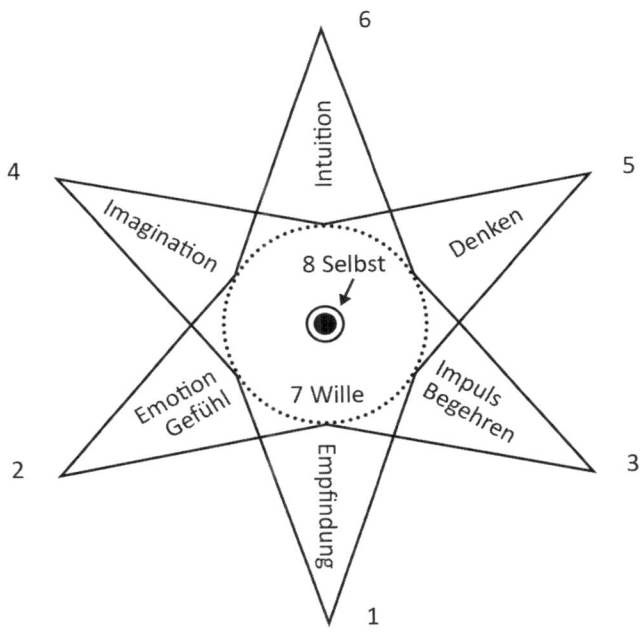

1. Empfindung
2. Emotion-Gefühl
3. Impuls-Begehren
4. Imagination
5. Denken
6. Intuition
7. Wille
8. Mittelpunkt: Das Ich oder das persönliche Selbst
(Vgl. Assagioli, *Willensschulung*, S. 21)

# Psychische Kräfte

Assagioli unterscheidet zwischen dem plastischen bzw. gestaltungsorientierten und konditioniertem bzw. antrainiertem Unbewussten. Die Psychosynthese konzentriert sich auf ersteres: das plastisch Unbewusste empfängt Bilder zur Gestaltung der eigenen Wirklichkeit. Die Psychoanalyse legt im Gegensatz dazu ihren Schwerpunkt auf das konditionierte Unbewusste, das unter anderem Komplexe und Verhaltensmuster beinhaltet. Das Unterbewusstsein ist so angelegt, dass es durch Bilder beeinflusst wird und dazu neigt, auf diese mit Emotionen zu reagieren.

# Psychische Gesetze

Mit der Kraft des Willens können wir bewusst wählen und entscheiden, welche unserer psychischen Kräfte wir nutzen möchten. Diese inneren Kräfte sind zugleich auch unsere Ressourcen, die uns für eine zielgerichtete Lebensgestaltung zur Verfügung stehen.

Da das Unterbewusstsein am ehesten durch Bilder und Symbole zum Ausdruck gelangen kann, werden durch diese dynamische Kräfte in unserem Inneren ausgelöst, die emotionale und physische Prozesse in Gang setzen. Denken sie nur an einen aufregenden dramatischen Film im Kino, der uns so mitreißt, dass wir das Geschehen während des Ansehens für real halten und mit den Protagonisten mitfiebern. In solchen Augenblicken bildet der Film für uns eine Realität.

Da Bilder und Symbole, und damit Vorstellungen eine solche große Macht und Auswirkung auf unser Unterbewusstseins haben, sollten wir unsere Gedanken und Vorstellungen sehr sorgfältig prüfen und auswählen, denn wir müssen damit rechnen, dass sie sich eines Tages verwirklichen. Deshalb gilt es, sehr präzise in dem zu sein, was man sich wünscht. Hierzu sollten Sie die im Anhang des Buches aufgeführten psychischen Gesetze Assagiolis verinnerlichen.

Roberto Assagioli verwendet in der Psychosynthese bei der Schulung des Willens drei Kategorien bzw. Dimensionen, um den Willen zu differenzieren. Er unterscheidet Aspekte, Eigenschaften und Stadien.

## Aspekte des Willens

1. Der starke Wille
2. Der gute Wille
3. Der geschickte Wille
4. Der transpersonale Wille

### I. Der starke Wille

Der starke Wille drückt sich durch Kraft, Motivation, Durchsetzungsvermögen, Disziplin, Mut, Intensität, Stärke und Zielklarheit aus. Das Fehlen eines starken Willens zeigt sich in Planlosigkeit, Regression, Antriebslosigkeit und Desorientierung.

### 2. Der gute Wille

Der gute Wille steht für eine ethisch-moralische Lebenshaltung in Bezug zu anderen Menschen und zur Umwelt. Es geht nicht allein um persönliche Interessen, sondern ebenso um das Allgemeinwohl. Güte, Toleranz, Barmherzigkeit und Wahrhaftigkeit kennzeichnen den guten Willen. Die Schattenseite des guten Willens ist eine übertriebene, blinde Hilfsbereitschaft anderer Menschen gegenüber.

### 3. Der geschickte Wille

Der geschickte Wille wendet Fähigkeiten und Ideen an, um Visionen effizient und durchdacht in die Tat umzusetzen. Mit wenig Aufwand an Ressourcen soll ein angestrebtes Ziel vollbracht werden. Merkmale des geschickten Willens sind Kreativität, Planung, Zielgerichtetheit und Flexibilität. Ein geschickter Wille ohne Richtung, Mitgefühl und Verantwortungsbewusstsein führt zu Täuschung und Arglist.

## 4. Der transpersonale Wille

Der transpersonale Wille strebt nach dem Sinn des Lebens und nach der Vereinigung mit dem Höheren Unbewussten, nach Hingabe, Rückverbindung zur Urkraft und zum Urvertrauen in uns. Er wird durch ein Streben nach dem Höheren in uns und in der Welt gekennzeichnet. Der transpersonale Wille birgt unsere Bestimmung und Berufung und fordert uns auf, dieser zu folgen.

## 5. Der universale Wille

An dieser Stufe des Willens wird Gott als der universale Wille repräsentiert, der unseren Ursprung und unsere innere Heimat bildet. Wir sind ein Teil dieser Schöpfungsintelligenz. Wir sind der Mikrokosmos im Makrokosmos, die Geschöpfe und Mit-Schöpfer des Schöpfers. Diese Rückbindung, die „religio", kann geschehen, wenn wir uns bewusst für diese Ebene öffnen und diese zulassen.

# Eigenschaften des Willens

Assagioli unterscheidet die Eigenschaften des Willens, um diese Kraft präziser in ihrer Stärke aufzuzeigen. Wenn wir wissen, was der Wille bewirken kann, vermag uns das zu motivieren, ihn sinnvoll und zielorientiert einzusetzen. Nutzen wir unseren Willen, sind wir leichter in der Lage, unsere Ziele zu erreichen.

## 1. Energie · Dynamische Kraft · Intensität

Bei großen Schwierigkeiten und Hindernissen kann ein starker Wille die Durchsetzungskraft fördern, so dass wir unseren langen Atem behalten, ohne aufzugeben. Wenn wir unsere Willenskraft bündeln, erzeugen wir eine Intensität, die es uns ermöglicht, die Widerstände und Hürden, die uns während der Projektrealisierung begegnen, zu überwinden.

## 2. Beherrschung · Kontrolle · Disziplin

Diese Eigenschaften liegen beim starken Willen nah beieinander. Sie erfordern Anstrengungen und Bemühungen und fördern dabei wesentlich die Umsetzung der Vorstellungen und Ziele. Wer sich zu beherrschen und disziplinieren weiß, kann seine psychischen Kräfte nutzbringend für alle Beteiligten anwenden und sowohl Freude als auch Selbstvertrauen ernten. Dabei ist die Regulierung des Ausdrucks unabdingbar, damit eine konstruktive Nutzung der biologischen und psychischen Energien gewährleistet ist.

## 3. Konzentration · auf einen Punkt gerichtet · Aufmerksamkeit · Zielbewusstsein

„Gib mir einen festen Punkt und ich werde die Erde bewegen", dieses Zitat von Archimedes, einem griechischen Mathematiker und Physiker aus der Antike, illustriert, wie die gebündelte Konzentration auf einen Fokus, Kräfte in Gang bringen kann. Doch auch die Konzentration, die Aufmerksamkeit nach innen, wie beispielsweise in der Meditation oder Kontemplation, kann uns helfen, bewusster zu leben und zu sein. Ein zerstreutes Denken und Handeln bringt keine früchtetragenden Resultate hervor. Man verzettelt sich und verliert sich im Durcheinander. Deshalb ist es wichtig, sich mit seiner Aufmerksamkeit auf einen Punkt hin auszurichten, so dass man seine Ziele wirklich in die Tat umsetzen kann und sie nicht aus den Augen verliert.

## 4. Entschlossenheit · Entschiedenheit · Unerschütterlichkeit · Unverzüglichkeit

Die Entschlossenheit zeigt sich im Prozess der Erwägung, des Einschätzens, denn wer nicht zügig und sicher eine Entscheidung trifft, der kann viel Zeit und Energie verschwenden bis er einen Entschluss fasst. Selbstverständlich ist jede Entscheidung mit Bedacht zu treffen und dann in die Handlung umzusetzen. Eine unerschütterliche Entschiedenheit verleiht dem Willen eine Dynamik und Konsequenz mit großer Sicherheit sein Ziel zu erreichen.

### 5. Beharrlichkeit · Ausdauer · Geduld

Diese Eigenschaften können die Kraft ersetzen, wer zum Beispiel krank und nicht sehr leistungsfähig ist, kann regelmäßig in Etappen mit kleinen Schritten seine Aufgaben erledigen. Assagioli nennt es die Technik des" wenig und oft". Die Ausdauer und Geduld sind andere Arten der Beharrlichkeit; erstere bedeutet, trotz langandauernder, anstrengender Tätigkeit, das damit verbundene Leid und die Mühsal durch selbstloses Bejahen auf sich zu nehmen, letztere ist Teil des vollständig ausgereiften Willens: Man gibt nicht auf bis man mit dem Erreichten zufrieden ist.

### 6. Initiative · Mut · Wagemut

Kraft der Initiative beginnen wir zu handeln und setzen eine Idee in die Tat um. Mit unserem Wagemut trauen wir uns, unsere Angst zu überwinden und bewusst abschätzbare Risiken einzugehen. Diese Eigenschaften erschließen uns neue Lebensräume, weil es uns gelingt, unsere Komfortzone zu verlassen.

### 7. Organisation · Integration · Synthese

Durch die Wirkung von Organisation, Integration und Synthese, den vielleicht wichtigsten Eigenschaften des Willens, gelangen wir zu einer Einheit in der Mannigfaltigkeit. Dies gilt sowohl für die inneren wie die äußeren Dimensionen. Beharrliches, unerschütterliches schrittweises Vorangehen fördert das Zusammenwirken und die Vereinigung der Kräfte auf das Ziel hin.

## Die Stadien des Wollens

Nachdem wir uns nun die Arten und Eigenschaften des Willens angeschaut haben, wollen wir uns dem Willen in Aktion genauer zuwenden und erforschen, wie die konkreten Schritte formuliert sind. Es gibt sechs Stadien des Wollens bei der Zielrealisierung:

## 1. Stadium: Absicht und Ziel

Bevor wir unsere Willenskraft mobilisieren und einsetzen können, brauchen wir eine klare und feste Absicht. Auf der ersten Ebene definieren und bewerten wir Zweck, Ziel und Vision. Wir klären ab, was wir erreichen wollen. Dabei ist es wichtig, eine starke Verbindung zum Vorhaben zu haben, um die entsprechende Ausdauer und Konsequenz bei der Durchführung der Teilziele aufzubringen. Denn nur dann ist es wahrscheinlich, dass das Ziel auch erreicht wird.

## 2. Stadium: Einschätzung und Überlegung

Auf der zweiten Ebene geht es um eine sichere Einschätzung, ob wir unser Ziel auch tatsächlich wollen, denn nur ein wirklich gewünschtes Vorhaben können wir mit langem Atem und Tatkraft vollbringen. Aus den verschiedenen Möglichkeiten wählen wir unser Anliegen sorgfältig und überlegt unter Berücksichtigung der Folgen aus. Wir sollten uns mit dem Ziel identifizieren können; es sollte etwas mit uns und unseren Werten und Interessen zu tun haben und sich nicht wie ein Fremdkörper anfühlen.

## 3. Stadium: Wahl und Entscheidung

Auf der dritten Ebene wird es ernst, denn unsere Entscheidung trägt Konsequenzen. Wir sollten bisher reiflich überlegt haben, ob unser Vorhaben uns auch im Herzen berührt und aus dieser Haltung heraus, eine verantwortungsbewusste Entscheidung treffen.

## 4. Stadium: Bejahung und Bekräftigung

Um unser Ziel im alltäglichen Dschungel nicht aus den Augen zu verlieren, sollten wir unsere Wahl immer wieder bejahen und bekräftigen. Je mehr wir uns auf unser Anliegen konzentrieren, desto eher erreichen wir es. Durch tägliche Übungen, wie beispielsweise Entspannung, Notizen oder Affirmationen können wir die Verbindung mit dem Vorhaben aufrecht erhalten.

## 5. Stadium: Planung und Gestaltung

An dieser Stelle beginnen wir mit der Umsetzung unseres Vorhabens, indem wir einen Plan oder ein Programm entwerfen. Wir bereiten Hilfsmittel vor und berücksichtigen Ort, Zeit, Bedingungen und existierende Fähigkeiten und Möglichkeiten. Bei inneren Zielen entwickeln wir zum Beispiel ein Lebenskonzept. Bei äußeren Zielen, wie zum Beispiel einer Existenzgründung, entwickeln wir einen Businessplan.

## 6. Stadium: Leitung der Ausführung

Nach ausführlicher Vorbereitung, Abwägung und Planung geht es jetzt um die tatsächliche Verwirklichung unseres Plans. Unsere Vorstellung soll jetzt endlich realisiert werden und aus der unsichtbaren in die sichtbare Welt geboren werden. Jetzt zeigt sich, inwieweit unser Wille entwickelt ist und die anderen psychologischen und körperlichen Funktionen und Energien geschickt gebrauchen und führen kann. In der äußeren Welt gilt es, sich ständig neu den jeweiligen Umständen und Hürden anzupassen und den Prozess zu überwachen. Wir halten durch und setzen unsere Entschiedenheit ein, um auf Kurs zu bleiben bis wir an unser Ziel gelangen. Sollten auf dem Weg große Schwierigkeiten auftauchen, so analysieren wir die Stufen des Prozesses, auf welcher Ebene wir etwas außer Acht gelassen haben. Jeder Baustein ist wesentlich, um einen Schritt weiter zu kommen.

# Was uns zum Handeln bewegt

Unser Handeln wird bewusst und unbewusst determiniert und setzt sich aus vier Grundzügen des Willens zusammen. Wir haben die Möglichkeit zu entscheiden, ob wir uns unbewusst von unseren Impulsen und Trieben bestimmen lassen oder ob wir bewusst und achtsam in Kontakt mit uns und anderen handeln.

## 1. Triebe und Impulse

Hier werden wir unbewusst von unseren Trieben und Impulsen beherrscht und gelenkt, die aus der Ebene des unteren Unbewussten kommen.

## 2. Wünsche und Begierden

Aus dieser Ebene entspringen die Wünsche und Begierden der verschiedenen und vielseitigen Teilpersönlichkeiten, die miteinander in Konkurrenz stehen und jede für sich einen Anspruch auf Dominanz erhebt. Je stärker und dominanter eine Teilpersönlichkeit also ist, desto eher wird sie sich durchsetzen. Zum Beispiel möchte eine Teilpersönlichkeit den ganzen Tag zuhause bleiben, während eine andere unbedingt hinausgehen will. Stehen beide Kräfte einander gleich stark gegenüber, kann es passieren, dass keine Wahl und Entscheidung getroffen wird und eine Regression oder Patt-Situation entsteht. Hier spielt unsere Bewusstheit eine wichtige Rolle: je besser ich mich wahrnehme und beobachte, desto eher kann ich mich aus diesem unbewussten Prozess lösen und die Zügel über die Teilpersönlichkeiten in die Hand nehmen und sie führen.

## 3. Bedürfnisse

Auf der dritten Ebene haben wir unsere Bedürfnisse, die mit unserem Ich verbunden sind. Das Ich bestimmt und handelt umsichtig, um ein Gleichgewicht der Kräfte in sich halten zu können. Hier können wir frei wählen und entscheiden, welche unserer Bedürfnisse wir befriedigen möchten und welche nicht.

## 4. Qualitäten

Auf der vierten Ebene stehen unsere Qualitäten. Unsere Qualitäten entspringen dem höheren Unbewussten. Dazu gehören Liebe, Freude, Sinn, Inspiration, Kreativität, Ausdauer, Leidenschaft, Begeisterung, Mut und Wille. Diese Ebene bietet uns zahlreiche

Wahlmöglichkeiten, wie wir uns ausdrücken und unsere Lebenswirklichkeit erschaffen wollen.

# 7.
# Methoden und Techniken
# der Psychosynthese

## Werkzeuge der Psychosynthese

Durch die Instrumente der Psychosynthese können wir Zugang zu unserem Unbewussten bekommen und sowohl an ihm als auch mit ihm arbeiten. Ich betrachte die Techniken nicht nur als Werkzeuge, um persönlich zu wachsen, sondern in gewisser Weise auch als eine Art Ressource im Sinne eines Hilfsmittels oder einer Kraftquelle. Für die praktische Selbstanwendung habe ich die Methoden ausgewählt, die Sie selbständig und eigenverantwortlich auch ohne Psychosynthese-Begleiter anwenden können. Falls Sie Schwierigkeiten bei den Übungen und Anwendungen bekommen, können Sie sich in wenigen Sitzungen von einem Psychosynthese-Berater, einem entsprechend ausgebildeten Coach oder einem Therapeuten unterstützen lassen. Dies wird Ihnen Sicherheit und Tiefe vermitteln, so dass Sie die Übungen später eigenständig zuhause anwenden können.

## Schreibtherapie

Durch die Schreibtherapie können wir Zugang zum Unterbewusstsein bekommen, dem Bereich, in dem sowohl Konflikte als auch das Schöpferische beheimatet sind. Die Tür zum Unbewussten lässt sich über das Schreiben leichter öffnen und ermöglicht dadurch, in einen Dialog mit unserer Innenwelt zu treten, die uns aufzeigt, was wirklich in uns vorgeht. Das Schreiben kann für unbewusste Anteile in uns ein Medium zum Ausdrücken und Übermitteln von Botschaften sein. Die Schreibtherapie ist eine

sehr wertvolle Methode, die intensiv dazu beiträgt, die Persön-
lichkeitsstruktur und die Erforschung des Unbewussten neu zu
organisieren. Das Schreiben deckt die unsichtbaren Gedanken
und Ziele auf und fördert eine beschleunigte Umsetzung.

Der Wert der Schreibtherapie liegt darin, dass sie eine Verbindung zu unserer Innenwelt schafft und den kreativen Fluss
wieder anregt. Das Schreiben ist ein idealer Weg unsere menschlichen Anlagen, Freude ebenso wie unseren Kummer zum Ausdruck zu bringen. Mehr Ruhe, Präsenz und Gelassenheit sind
häufig die Folge des Schreibens.

> „Immer, wenn ich eine neue Dichtung anfange, ist
> mir, als beginne ich ein neues Leben."
>
> *Albert Steffen*

# Bibliotherapie

> „Die integrative Poesie- und Bibliotherapie ist eine
> therapeutische Methode, die durch das Medium
> künstlerisch-gestaltender Sprache Prozesse seeli-
> scher Integration und persönlichen Wachstums in
> Gang setzt und unterstützt"
>
> *EAG – Fritz-Perls-Institut.*

Dieser relativ junge Zweig der künstlerischen Therapie betrachtet
die Wirkung eines literarischen Werks auf die Psyche des Lesers.
Die Bibliotherapie wird von der Psychosynthese gern angewandt,
um die Eigenständigkeit des Klienten zu fördern. Der Psychosynthese-Begleiter wählt eine bestimmte Lektüre aus, die mit dem
Problem des Klienten zu tun hat und die ihm helfen kann, neue
Orientierung und Lösungsmöglichkeiten zu erkennen. Neben fik-
tiver oder dramatischer Literatur kann sich auch das Lesen von

Lebenshilfe-Literatur heilsam auf den Klienten auswirken. Wer ohne psychologische oder therapeutische Begleitung vorgeht, sollte vor dem Lesen eine Liste mit folgenden Fragen erstellen: Was für ein Problem oder Konflikt habe ich? Welche Emotionen werden dadurch ausgelöst? Was soll gelöst werden? Mit den entsprechen Antworten können Sie viel gezielter das jeweilige Buch entdecken, dass Ihnen bei der Lösung Ihres Problems helfen könnte. Assagioli riet seinen Schülern und Klienten, sich einen Bücherschrank genau wie einen Medizinschrank anzulegen, weil Bücher wie Medizin wirken können. Aus eigener persönlicher und beruflicher Erfahrung kann ich die Aufnahme der Bibliotherapie in die Psychosynthese gut verstehen. Denn es ist die Macht der Worte, die unsere Vorstellungskraft und unsere Phantasie anregt und Emotionen verschiedenster Art, wie Freude, Mitgefühl, Lust oder Leid, Trauer und Schmerz hervorruft.

# Imagination – Die Macht der Bilder

Die Imagination ruft Bilder vor unserem geistigen Auge hervor. Anhand der Vorstellungskraft gestalten wir eine Vision als Idealmodell und behalten dieses Bild im Auge, bis wir es vollständig verinnerlicht haben und von dessen Verwirklichung überzeugt sind. Wir dürfen an der Erreichung des Ziels nicht zweifeln, sondern müssen unerschütterlich daran glauben.

Assagioli hat in seinen psychischen Gesetzen, die detailliert im Anhang des Buches aufgeführt sind, die Macht mentaler Bilder und Ideen stark hervorgehoben. Diese haben die Tendenz, die körperlichen Bedingungen und die äußeren Handlungen zu erzeugen, die diesen entsprechen, d.h. sie sind mitverantwortlich für die aktive Gestaltung unseres Lebens.

> „Jedes Bild hat in sich selbst eine vorwärtsdrängende Kraft."
>
> *Charles Baudouin*

71

# Visualisierung

Visualisierung ist eine Technik, bei der mittels der Vorstellungskraft gezielt Bilder projiziert werden. Das richtige Anwenden
dieser Methode bedarf allerdings einiger Übung. Visualisierung
wird bei Formen von Imagination angewandt. Zum einen bei der
kreativen und zum anderen bei der reproduktiven Imagination.
Die erste ist spontan und unmittelbar und steigt aus den
unbewussten Schichten hervor, die zweite wird bewusst mittels
eines Bildes unserer Wahl erzeugt. Die Bilder die aus dem Unbewussten auftauchen, werden bei der Psychosynthese durch
Assoziation, die innere Verknüpfung verschiedener Gegenstände, bearbeitet. Man betrachtet das Bild und versucht, spontan
zu sagen, was einem dazu einfällt. Diese spontanen Einfälle entspringen dem Unbewussten. Die Visualisierung wird nicht nur für
Zwecke der Zielerreichung eingesetzt, sondern sie wird auch zu
therapeutischen Zwecken erfolgreich angewandt und wirkt unterstützend für den Heilungsprozess.

# II.

# Psychosynthese selbst erleben

Den schöpferischen Brunnen der Ressourcen zum Strömen bringen

# Einführung

„Gelassene Heiterkeit ist das Bewusstsein davon, dass in allem, was ist, auch noch anderes möglich ist; dass Höhen und Tiefen sich abwechseln wie Tag und Nacht, wie Ein- und Ausatmen; dass dies der Takt des Lebens ist, das aus der Polarität in allen Dingen seine Spannung bezieht."

*Wilhelm Schmid*

Im ersten Teil des Buches haben Sie Einblicke in die Entstehungsgeschichte und Hintergründe der Psychosynthese gewinnen können und erfahren, was die Psychosynthese auszeichnet und was sie von anderen Coaching- und Therapieverfahren unterscheidet. In diesem Teil des Buches werden Sie nun die Möglichkeiten kennenlernen, wie Sie die Psychosynthese praktisch anwenden können, um sich kraftvolle Ressourcen aus Ihrem höheren Unbewussten zu erschließen oder zu vertiefen.

Wie wir inzwischen wissen, arbeitet die Psychosynthese an den uns unbewussten Anteilen, die nicht selten unser Leben bestimmen und leiten. Wer der Herr im eigenen Hause sein will, sollte daher lernen, mit seinen unbewussten Kräften umzugehen und die Zügel in der Hand behalten. Das Unbewusste entwickelt eine Eigendynamik, wenn wir es permanent ignorieren und leugnen. Die Folge sind in der Regel Krisen, Konflikte oder Krankheiten. Solche Einbrüche in unserem Leben sind für uns eine Chance, inne zu halten, unsere Prioritäten zu verändern und unserem Leben eine andere Ausrichtung zu geben. Wenn wir erkennen, was uns antreibt und lenkt, was uns immer wieder dieselben Fehler machen lässt, was uns verletzt und sich nicht zum Wohle aller Beteiligten auswirkt, dann können wir lernen, die Kraft zu bündeln und sie in die gewünschte Richtung zu lenken, wo diese Energie gebraucht wird.

Bevor wir mit der Psychosynthese-Arbeit beginnen, müssen wir einige Vorbereitungen treffen, um zu guten und konkreten Ergebnissen zu gelangen. Wesentlich hierbei ist, dass wir zuerst unseren Geist von allem Ballast befreien. Auf der Basis eines klaren geistigen Zustands sind wir dann imstande, eine wirkungsvolle, tiefgründige und intensive Psychosynthese durchzuführen.

# Befreien Sie Ihren Geist

Zur Klärung des Geistes ist es wichtig, ihn zu beruhigen, sich zu entspannen und sich vertrauensvoll auf den Prozess einzulassen. Im Folgenden gehen Sie die vorbereitenden Maßnahmen Schritt für Schritt durch. Halten Sie sich möglichst an diese Richtlinien, um bestmögliche Ergebnisse aus den Übungen zu erzielen.

## I. Entspannung

Nur über die Ruhe und Stille können Sie Zugang zu Ihrem Inneren, zu Ihrem eigentlichen Wesen bekommen. Stille sowie körperliche und geistige Entspannung lassen Sie aufmerksamer werden. Ihre Sinne werden geschärft und Sie nehmen deutlicher wahr, was wirklich gerade geschieht. Mit zunehmender Übung erkennen Sie, wie zu viel Spannung und Stress an Ihren Kräften zehren und die Verbindung zu Ihren kreativen Seiten behindern.

## 2. Vertrauen

Die leisen und sensiblen Ressourcen, wie beispielsweise Imagination, Intuition und Inspiration können sich nur dann zeigen, wenn Sie Ihrem innerem Geschehen Vertrauen schenken und es ohne Bewertung annehmen. Eine solche innere Haltung des Geschehenlassens, Zulassens und der Annahme ist entscheidend, um Zugang zu Ihren inneren Quellen an Ressourcen zu erlangen.

## 3. Ethik und Moral

Viele werden sich jetzt fragen, warum ich dieses Thema anspreche. Bei der inneren Arbeit ist es wichtig, dass Sie die Informationen, Eingebungen und Ideen unterscheiden können, denn nicht alle sind unserem Wachstum und dem anderer förderlich. Bei der Psychosynthese-Arbeit mit dem Unbewussten, kann es passieren, dass Sie glauben, Sie seien mit Ihrem höheren Anteil verbunden. In Wirklichkeit sind Sie jedoch mit einem Ihrer niederen Anteile in Kontakt gekommen, der als ein getarnter Widerstand daher kommen kann. Überprüfen Sie daher die Informationen, die Sie aus Ihrem Unbewussten erhalten auf ihre Stimmigkeit hin. Haben Sie das Gefühl, Sie werden blockiert, dann gehen Sie den Prozess der Übung noch einmal durch und vergleichen Sie die Ergebnisse miteinander. Falls Sie Vorstellungen haben, die Ihnen oder jemand anderem schaden könnten, dann sollten Sie Ihre Motive hinterfragen und zu Klarheit und Vernunft darüber gelangen. Betrachten Sie dazu noch einmal das Ei-Modell der Psychosynthese mit den unterschiedlichen Stufen des Unbewussten. Bei der Arbeit mit dem Unbewussten können verschiedene Ebenen zugleich aktiviert werden, deshalb mein Appell an Sie: Seien Sie achtsam und handeln Sie sich selbst und anderen gegenüber verantwortungsbewusst.

Falls Sie gar nicht weiterkommen, sollten Sie einen professionellen Begleiter in Psychosynthese zu Rate ziehen. Das ist sehr wichtig, damit Sie von Anfang an, an den richtigen Stellen die Weichen stellen können, sei es nun für Ihre Entscheidungsfindung, für das Erreichen eines Ziels oder Ihren weiteren persönlichen Lebensweg.

# Königsressourcen

Unser Gehirn besitzt zwei Hemisphären, wobei der linken Seite Verstand und Logik und der rechten Seite Emotionen und das Schöpferische zugeordnet werden. In unserer westlichen Kultur wird vornehmlich die linke Hälfte, also das Rationale, gefördert. Logik und Verstand wird mehr Beachtung geschenkt als den Emotionen. Die Psychosynthese verbindet beide Hälften miteinander, harmonisiert sie und bringt das nicht ausgeschöpfte innere Vermögen zum Vorschein.

Die menschlichen Ressourcen sind sehr vielfältig; ich werde mich jedoch auf die Königsressourcen, die wesentlichsten Ressourcen konzentrieren, die da sind: Imagination, Inspiration, Intuition, Kreativität, Wille, spielerische Haltung, Schreiben, Lesen, Ich-Stärke und Stille. Jede dieser Kraft ist für sich genommen immens und besitzt eine enorme Durchsetzungsfähigkeit, um Sie auf eine höhere Lebensstufe zu bringen. Wenn Sie den Zugang zu diesen Ressourcen trainieren, erhalten Sie einen goldenen Schlüssel in die Hand, der Ihnen Ihr Leben um ein Vielfaches erleichtert und Ihnen letztlich die Türen zu dem öffnen wird, wo Sie aus vollem Herzen hinwollen.

Was müssen Sie tun, um sich ein Stück näher zu kommen, um innere Sicherheit, Halt und Autonomie zu erlangen? Der erste Schritt besteht darin, sich Ihrem Inneren zu öffnen und ihm auch eine Daseinsberechtigung zu zugestehen. Ihr wahrer Wesenskern will sich ausleben und seinen persönlichen Fingerabdruck in der Außenwelt hinterlassen, und nicht wie in einem Kerker tief im Unterbewusstsein eine vergrabene und vergessene Existenz führen müssen. Es wird der Tag X kommen, an dem sich der Schmerz der verleugneten wahren Identität durchringt und sich zwingend zu Wort meldet. Dies wird dann der Wendepunkt sein, an dem man aufgefordert wird, sich und seine Lebensführung zu ändern. Das Leben lässt uns in einem solchen Augenblick inne halten, setzt ein tiefes Nachdenken in Gang und führt uns die bereits zurückgelegten Wege mit all ihren Verzweigungen vor Augen, die uns bis hierher gebracht haben, – in ein Leben, das weit von unserem wahrem Wesenskern entfernt ist. Dieser Wendepunkt geht meist mit einer Krise einher, deren Sinn wir anfangs, wenn wir uns noch in ihr befinden, nicht erkennen können. Erst wenn wir die Krise als Chance für Veränderung betrachten und beginnen, Fragen zu stellen, kann sich der Sinn erschließen. Befinden Sie sich in einer Krise, können Sie sich folgende Fragen stellen: Welche Absicht kann mir die Krise vermitteln? Was geschieht? Welche kreativen Möglichkeiten kann ich erkennen? Welchen Schritt gilt es als Nächstes zu tun? Worin könnte der tiefere Sinn dieser Krise liegen? Wie stehe ich dazu? Bin ich bereit, mich mit meiner Krise auseinander zu setzen? Die Antworten auf diese Fragen können uns neue Wege und Lösungen aufzeigen, wie wir aus der Krise heraus gelangen und unserem Leben eine neue harmonischere Ausrichtung geben können.

## Meine Erfahrungen mit den Ressourcen

Was meine persönlichen Erfahrungen mit der Psychosynthese-Arbeit und den daraus gewonnenen Ressourcen betrifft, kann ich zusammenfassend Folgendes sagen: Wer einen echten Zugang zu sich selbst, zu seiner inneren Quelle findet, der holt den Himmel auf Erden herab. Entscheidend ist hierbei der unerschütterliche und zweifelsfreie Glaube daran, einen Weg in sich und durch sich zu finden.

Dies bedeutet, indem ich ein Grundvertrauen in das Leben finde, eröffnen sich optimale Lösungen für meine Probleme. Assagioli drückte es einmal so aus: „In der Tiefe gibt es keine Lösungen und in der Höhe keine Probleme." Das heißt, durch eine positive und offene mentale Ausrichtung können wir Türen und Tore erkennen und öffnen, die uns neue Wege erschließen und uns in unserer Entwicklung weiterbringen.

Bevor die Psychosynthese in mein Leben kam, hatte ich einen guten Kontakt zu meiner Intuition und Inspiration, die mich durch mein Leben führten. Die daraus hervorgehenden Ideen empfand ich immer als praktisch und zielführend. Mir haben die Ressourcen sehr geholfen, meinen Lebensweg zu finden und zu gehen sowie kurz- und langfristige Lösungen zu erkennen, die tragfähig und verantwortungsbewusst waren.

Während und nach der fünfjährigen Ausbildung zur Psychosynthese-Beraterin, Coach und Therapeutin lernte ich gezielt und methodisch, meine inneren Ressourcen anzuzapfen. Dieser vertiefende Prozess brachte umfangreichere Möglichkeiten und Lösungsansätze hervor. Dabei sei jedoch betont, dass Lösungen erst dann als Lösung wirksam werden, wenn die Idee, die aus dem höheren Unbewussten stammt, auch umgesetzt wird, denn die Lösung kommt von Innen und vollzieht sich durch die konsequente Umsetzung im Außen. Ansonsten kann man eine schöne Sammelmappe für seine besten Lösungsvorschläge und Ideen aus seinem Unbewussten anlegen und archivieren, ohne je zur Tat zu schreiten oder sein Leben zum Positiven zu verändern.

All das, was mir in dieser Arbeit offenbart wurde, hat mir bewusst gemacht, welch einen inneren Reichtum, welche Schätze ich in mir trage und wie ich sie im Leben nutzen und verwirklichen kann. Unter meinen zahlreichen persönlichen Symbolen finden sich daher oft Gold oder weite wunderschöne Landschaften.

# Ressourcen

## Die kraftvollsten Ressourcen

Wir kommen in Kontakt mit unseren Ressourcen, wenn wir unsere alltägliche Sichtweise verlassen und unser Leben von einer Metaebene aus betrachten und angehen. Am wirkungsvollsten ist hierbei meiner Ansicht nach die bewusste Anbindung an unser höheres Unbewusstes. Dies erfordert einige Disziplin und konsequentes Üben, aber dafür werden Sie immer mehr ein Gefühl von innerer Sicherheit und absolutem Vertrauen gewinnen. Sie können lernen, auf die Kräfte in Ihnen und in Ihrem Umfeld einzuwirken und das anzuziehen, was Sie wirklich wollen und brauchen. Sie können mit Ihren Blockaden arbeiten und die dadurch freigewordenen Energien für Ihre Entwicklung nutzen. Denn Ihre allmählich zum Vorschein kommende wahre Identität wird eine starke Anziehungskraft, ein stärkeres Resonanzfeld schaffen. Und alles, was Sie an Werten und Grundüberzeugungen in Ihrem Unterbewusstsein tragen und womit Sie sich identifizieren, wird zum Ausdruck gelangen und sich in Ihrem Leben widerspiegeln. Assagioli fasst dieses Phänomen treffend zusammen: „Nun werden wir nichts mehr aus einer Anstrengung unseres Ichs heraus tun. Wir erwecken nur in uns die Kraft, so dass sie spontan, leicht und unwiderstehlich wirken kann. Denn die Macht des Geistes ist eine spontane Ausstrahlung, die mit ihrer bloßen Präsenz die Türen öffnet und die Umstände beherrscht. Sie braucht nichts zu tun, sie ist einfach nur, und mit ihrem Sein verwandelt sie alles."

Gelingt es uns, ein solches Sein zu verwirklichen, wird dies unser Leben radikal verändern und wir werden vorausschauend und verantwortungsbewusst Entscheidungen treffen und somit nachhaltig wirken.

Für die Arbeit mit den Ressourcen brauchen Sie eine Haltung des Zulassens und der Annahme. Ihr höheres Unbewusstes ist sehr leise, auf geheimnisvolle Art und Weise subtil und drängt sich Ihnen nicht auf; seien Sie also aufmerksam, was geschieht. Durch Symbole, Bilder oder Zeichen können Botschaften Ihres Unterbewusstseins übermittelt werden. Beachten Sie diese und ergründen Sie die Bedeutung, die sie für Sie haben. In der Regel sind die übermittelten Botschaften einfach nachzuvollziehen.

Im Folgenden werde ich die Ressourcen beschreiben und eine dazu passende Visualisierungsübung sowie ein Anwendungsbeispiel beifügen. Wenden Sie die Übungen am besten täglich für 30 Tage an. Anschließend genügt es, einmal in der Woche die Übung zu wiederholen. Wählen Sie zuerst eine Ressource aus, um mit dem Einüben zu beginnen und gehen Sie erst dann, wenn Sie mit ihr vertraut sind, zur nächsten weiter. Sollte Ihnen eine Ressource nicht zusagen, dann wählen Sie zunächst eine andere aus, und kehren später wieder zu ihr zurück. Ansonsten empfehle ich Ihnen, am Ball zu bleiben: Durch die regelmäßige Übung wird es Ihnen mit der Zeit immer leichter fallen, Zugang zu Ihrer inneren Quelle zu bekommen. Sollte es Ihnen an Motivation zur Übung mangeln, dann lesen Sie das Kapitel über die Belohnungen der Psychosynthese-Arbeit.

„Man kann einen Menschen nichts lehren, man kann ihm nur helfen, sich selbst zu entdecken".

*Galileo Galilei*

# 1. Ressource — Stille

## Die unsichtbare Kraft der Stille

Es gibt vielerlei Lärm. Aber es gibt nur eine Stille.

*Kurt Tucholsky*

Um mit unserem wahren Wesenskern in Kontakt zu kommen, ihn zu erforschen und Kraft daraus zu ziehen, ist eine Einkehr, eine Rückbesinnung auf uns selbst unabdingbar. Eine innere Stille bildet die Voraussetzung für innere Wahrnehmung. Still zu sein bedeutet, dessen gewahr zu sein, was ist. So können wir dem Klang der Seele lauschen. Dieses innere Lauschen erweitert auch unseren äußeren Horizont und damit unser Bewusstsein darüber, wer wir sind und was wir sind. Es gibt nicht nur das äußeres Ich, das Sie sind, sondern auch ein inneres Ich. Diese beiden Aspekte unseres Selbst beginnen allmählich miteinander zu verschmelzen und offenbaren mit zunehmender Achtsamkeit und Konzentration in Stille unser höheres Selbst. Gelingt es uns, unseren geschäftigen Geist zu beruhigen und zu entschleunigen, entdecken wir, dass es eine innere Instanz gibt, die uns trägt und führt.

„Wahre Intelligenz arbeitet im Stillen. Es ist die Stille, in der Kreativität und Problemlösungen zu finden sind", heißt es bei Eckart Tolle, denn die Stille bildet auch den Weg zur wahren Quelle unserer Kraft und zu persönlicher Stärke. Wie in vielen spirituellen Traditionen ist in die Stille zu gehen auch in der angewandten Psychosynthese die Basis für eine Verwirklichung des Selbst. Wenn wir ganz still sind, können wir unseren Seelenraum, unsere Bedürfnisse und wahren Werte erkennen. Die Stille ist die Brücke von der inneren zur äußeren Welt. Die Stille ist die Grundlage, um Zugang zu allen Ressourcen zu erlangen. „Denn der Raum des Geistes, dort, wo er seine Flügel öffnen kann, das ist die Stille", sagte Antoine de Saint-Exupéry, oder mit Assagiolis

Worten: „Still zu werden, Ruhe in uns zu erschaffen ist ein großes und schwieriges Unterfangen, aber der Lohn rechtfertigt die Mühen eines beharrlichen und geduldigen Übens. Die Resultate haben großen Wert, vor allem ein Gefühl der Erweiterung, der Ausdehnung und dann der Intensivierung des Bewusstseins. In jenen erhabensten Bereichen unseres Seins ist das Leben intensiver, wirklicher."

### Übung für die Stille:

Halten Sie ein Notizbuch und einen Stift bereit. Setzen Sie sich hin und nehmen Sie eine entspannte Haltung ein. Atmen Sie zehnmal langsam tief ein und aus. Bei jedem Ausatmen, atmen Sie Lärm und Unruhe aus und bei jedem Einatmen, atmen Sie Stille und Ruhe ein. Bleiben Sie nun ruhig sitzen und beobachten die Reaktionen Ihres Körpers. Wie fühlen Sie sich, etwas leichter und befreiter oder immer noch angespannt? Notieren Sie nun alles Beobachtete sowie alle Gedanken, die Ihnen durch den Kopf gegangen sind, wie zum Beispiel, was Sie noch zu erledigen haben oder was Sie stark beschäftigt oder belastet. Seien Sie ehrlich zu sich selber und haben Sie keine Scheu einzugestehen, was Sie bedrückt oder wonach Sie sich sehnen. Es gibt nichts, wofür Sie sich schämen müssten.

Machen Sie diese Übung über 30 Tage täglich 10 bis 20 Minuten lang, damit Sie Ihnen zur Gewohnheit wird. Später genügt es, sie einmal pro Woche zu üben. Es geht vor allem darum, eine dauerhafte Verbindung zu Ihrem Inneren herzustellen. Jede Zeit, die Sie in sich selbst investieren, wird Ihnen einen Rückfluss an geistiger Fülle und Seelenfrieden bescheren.

Auch wenn Ihnen die Schritte auf Wachstum und Entfaltung hin anfangs recht klein vorkommen mögen, geben Sie nicht auf. Jeder Schritt in diese Richtung wird Sie voranbringen, auch wenn der Weg zuweilen steinig sein mag oder unsere Bequemlichkeit und unser geschäftiger Verstand uns von unserem Weg ablenken wollen. Unser egoistisches Selbst hinter sich zu lassen, ist schwere Arbeit. Erich Fromm legt diesen, für jede Selbstverwirklichung grundlegenden, Prozess folgendermaßen dar: „Dieses In-der-Welt-Sein, sich der Welt-Geben, dieses im Akt des Lebens Sich-Verwandeln ist nur möglich, wenn der Mensch seine Gier, seine Habsucht verliert, wenn er dieses sein Selbst als ein isoliertes, fixiertes Ego, das der Welt gegenübersteht, fallenlässt. Nur wenn der Mensch dieses Selbst fallenlässt, wenn er, um in der Sprache der Mystiker zu reden, sich ganz leer machen kann, nur dann kann er sich ganz füllen; denn er muss leer sein von seinem egoistischen Selbst, um voll zu werden mit dem, was aus der Welt auf ihn zukommt. Ob das ein Mensch ist oder die Natur oder ein Gedanke, ist egal. Der mit sich angefüllte Mensch ist nicht offen und nicht freudig zu geben."

Und dieses innere „Leerwerden" vom Ego geschieht am einfachsten im Alleinsein in der Stille.

Fallbeispiel:

Ein Architekt möchte die praktische Anwendung der Psychosynthese lernen, weil er sich an seinem Arbeitsplatz permanent unter Druck gesetzt und blockiert fühlt, wenn es darum geht, neue Baukonzepte zu entwerfen.

In der ersten Sitzung wird er aufgefordert, die Augen zu schließen und seine Aufmerksamkeit auf die Atmung zu lenken. Er wird angeleitet, ruhig und tief zu atmen und sich mit seinem Atem zu verbinden. Mithilfe einer geführten Fantasiereise wird ihm die Möglichkeit gegeben, mit seinem Unbewussten in Kontakt zu treten. Er möge sich einen Rosengarten vorstellen, durch den er flaniert und alles, was er sieht und entdeckt, beschreiben. Er erzählt, dass sein imaginärer Rosengarten groß, gepflegt, geordnet und vielfarbig sei. Zudem sei es dort ganz still. Er entdeckt eine Bank, auf die er sich setzt und weiter der Stille lauscht. Er spürt, wie neue Kraft in ihm aufstieg und die Farbenpracht der Rosen ihn inspiriert und erfüllt. Nachdem er eine Weile an diesem erholsamen Ort verbracht hat, wird die Sitzung durch langsames Öffnen der Augen beendet. Durch die Fantasiereise wurde ihm ein Kontakt zur Stille eröffnet, die ihn nährte und ihn seelisch und körperlich zutiefst entspannte.

Diese Fantasiereise und andere Übungen wurden ihm auch als Hausaufgabe allein in einer verkürzten Version aufgetragen, um mit dieser tiefen inneren Stille in Verbindung zu bleiben. Nach ein paar Wochen rief er mich an und teilte mir mit, dass er jetzt mehr Ruhe und Gelassenheit gewonnen habe. Seine Ideen für neue Bauentwürfe würden ihm jetzt wie von selbst zufließen. Die Fantasiereise hatte ihren Zweck erfüllt, die Ressourcen Stille und Kraft zu erleben und bewusst zu machen, welches Vermögen in ihm vorhanden ist.

## 2. Ressource — Ich-Stärke

# Persönlichkeit entwickeln durch Aufbau von Ich-Stärke

Alles steht und fällt mit der Stärke der Persönlichkeit. Sie bildet den Dreh- und Angelpunkt in unserem Leben. Die Persönlichkeit ist das Steuer und wer dieses Steuer nicht im Griff hat, wird wohl kaum oder nur schwer in der Lage sein, seine Potenziale zu entfalten. Ich-Stärke bedeutet, sich seinem Umfeld gegenüber durchsetzen und abgrenzen zu können, sich fest und unerschütterlich für seine eigenen Bedürfnisse, Werte und Interessen einzusetzen, ohne dabei jedoch das Wohl anderer Menschen deshalb zu stören. Wir können uns unserer Ressourcen und Fähigkeiten bewusst werden, doch wenn wir nicht den Mut haben, dieses innere Vermögen in der Welt zum Ausdruck zu bringen und authentisch unseren Werte entsprechend zu leben, nützt uns dieses Wissen nicht allzu viel. Deshalb gilt es, unseren Standort zu bestimmen: Wie stark bin ich? Wo schränke und enge ich mich ein? Was kann ich tun, um Mut zu gewinnen, um meinen eigenen Werten entsprechend authentisch zu leben?

Es gibt zwei elementare Aspekte, um eine starke Persönlichkeit zu entwickeln: ein positives Selbstbild und ein gesunder Selbstwert.

Ein stabiles Selbstwertgefühl schafft die Kraft, an sich und seine Werte zu glauben und sich durchzusetzen. Es gleicht einer tragenden Säule, die Anmut und Integrität in sich vereint. Ein Mensch, der sich seines Wertes bewusst ist, lässt sich schwer von den Interessen anderer beeinflussen oder ablenken, denn er weiß ganz genau, was er will und wirklich braucht und ist dadurch konzentriert.

Ein positives Selbstbild hat die Wirkung einer Sogkraft. Wenn Sie sich selbst so vorstellen, wie Sie sein und sich auch dementsprechend verhalten wollen, sollten Sie dabei sehr vorsichtig und präzise in Ihren Wünschen und Vorstellungen sein. Überlegen und prüfen Sie genau, was Sie wirklich wollen und berücksichtigen Sie auch die Konsequenzen. Denn nur allzu oft materialisieren sich Ihre Wünsche – aber nicht immer so, wie Sie es gedacht haben, wenn Sie nicht sorgfältig und zu voreilig dabei vorgehen.

Sie werden sich Ihrer Ressourcen nur dann bewusst werden und daraus Nutzen ziehen, wenn Sie den Mut haben und es wagen, eine Reise nach innen zu unternehmen und diesen Weg bis zu Ihrem Ziel durchhalten. Die erste Bedingung hierfür ist, eine kraftvolle und durchsetzungsfähige Persönlichkeit zu entwickeln, um dann die Umsetzung Ihrer Wünsche anzugehen. Wenn Sie ängstlich sind, wird die Angst Sie hindern, der Mensch zu werden, der Sie tatsächlich sind. Machen Sie sich deshalb bewusst, was Sie wert sind und wofür Sie stehen und zeigen Sie es würdevoll der Welt.

### Übung zur Ich-Stärkung:

Wir beginnen mit einer Übung zur Disidentifikation. Die Psychosynthese arbeitet viel mit dieser Technik, die bewirkt, dass wir Abstand zu unserem Ego bekommen, das sich im Denken, Fühlen und Handeln manifestiert, so dass wir unser wahres Sein oder höheres Selbst erkennen können. Das innere Ich bleibt im Zustand der Disidentifikation von der Außenwelt und den Reaktionen darauf unberührt. Indem es eine Beobachterposition einnimmt, entsteht innerlich ein Abstand, der eine klarere und gelassenere Sicht sowie Stärke verleiht.

Für die Übung setzen wir uns und nehmen eine entspannte Haltung ein. Wir atmen zehnmal ruhig ein und aus und lenken unsere gesamte Aufmerksamkeit auf unseren Atem. Sobald wir innerlich ruhig werden, beginnen wir folgende Sätze langsam und deutlich zu sprechen:

Ich habe einen Körper – aber ich bin nicht mein Körper –
ich bin mehr.

Ich habe Gefühle – aber ich bin nicht meine Gefühle –
ich bin mehr.

Ich habe einen Verstand – aber ich bin nicht mein Verstand –
ich bin mehr.

Ich bin ein Zentrum reinen Selbst-Bewusstseins und des Willens.

Ich habe einen Körper – aber ich bin nicht mein Körper –
ich bin mehr.

Ich habe Gefühle – aber ich bin nicht meine Gefühle –
ich bin mehr.

Ich habe einen Verstand – aber ich bin nicht mein Verstand –
ich bin mehr.

Ich bin ein Zentrum reinen Selbst-Bewusstseins und des Willens.

Wiederholen Sie diese Übung über 10 bis 20 Minuten. Je intensiver Sie üben, desto mehr unterstützen Sie Ihren inneren Wachstums- und Reifungsprozess. Denken Sie an die Ernte, die Sie aus Ihrer mühevollen Saat künftig ziehen können. Ich möchte Sie ermutigen, auf Ihrem Entwicklungsweg mutig und konsequent in kleinen und kontinuierlichen Etappen vorwärtszuschreiten. Lassen Sie sich von nichts und niemandem ablenken, an sich selbst zu arbeiten. Schieben Sie keine privaten oder beruflichen Gründe vor, Ihre Entwicklung zu vermeiden. Räumen Sie diesen Übungen vorrangige Priorität ein, damit Sie immer mehr Zugang zu Ihrer inneren Kraftquelle und Ihren Ressourcen bekommen, die Ihnen dann nämlich bei der Meisterung der Widrigkeiten des Alltags, derentwegen Sie womöglich nicht weiter üben wollen, mit Leichtigkeit und Mühelosigkeit zur Seite stehen.

## Fallbeispiel:

Eine Klientin möchte sich als freiberufliche Psychotherapeutin selbständig machen. Sie hat sehr große Angst vor diesem Sprung in die Selbständigkeit. Sie betritt damit Neuland, indem sie sich zum ersten Mal in ihrem Leben traut, eine eigene Existenz zu gründen. Sie hat Angst, Fehler zu machen, eine Bruchlandung zu erleben und sich vor ihren Klienten lächerlich zu machen.

Ihr Ziel ist es, frei und unabhängig zu arbeiten und sich wirtschaftlich eine solide Praxis aufzubauen, die ihr eine Vollzeitarbeit ermöglicht, ohne nebenbei als Teilzeitangestellte jobben gehen zu müssen. Ihr Vorhaben und ihr Traum sind präzise und klar. Sie weiß, was sie will, und wir halten in der ersten Sitzung ihr Vorhaben fest und auch das, was sie daran hindert, nämlich die Angst.

Sie wird angehalten, die Augen zu schließen und sich zu entspannen. Nun wird sie aufgefordert, sich die Angst als eine Person vorzustellen, mit der sie in einen Dialog treten kann. Es taucht ein Bild von einer Frau auf, die wie Schneewittchen aussieht. Diese besitzt alle notwendigen Kompetenzen und Fähigkeiten, hat jedoch eine große Angst, der Welt ihre Potenziale zu zeigen und anzubieten. Sie teilt der Klientin mit, dass sie zwar alle Eigenschaften besäße, um selbständig sein zu können, der Mut sie aber verlassen habe, aus Angst verletzt zu werden oder sich in ihrem Umfeld zu blamieren.

Die Klientin wurde aufgefordert, die personifizierte Angst in Gestalt des Schneewittchen zu fragen, was sie brauche, um mutig den Sprung in die Selbständigkeit zu wagen. Diese antwortete, sie brauche zum einen ein Netzwerk anderer Selbständiger zum Austausch und gegenseitiger Unterstützung hinsichtlich des strategischen Knowhows. Des weiteren brauche sie zumindest am Anfang der Selbständigkeit einen Sparringspartner, der ihr bei den jeweiligen Schritten, die sie unternimmt, Feedback und Ermutigung gibt, um ihr Gründungsvorhaben zu realisieren. Nachdem die Klientin diese Informationen von der Angst in Gestalt des Schneewittchen bekommen hatte, wurde sie angeleitet, sich für die wertvollen Botschaften zu bedanken und sich würdevoll zu verabschieden.

Durch diesen Dialog mit ihrer Angst, kristallisierten sich klare Vorgehensweisen beim Praxisaufbau heraus: Sie musste sich eine kompetente Fachkraft suchen, die ihr unterstützend zur Seite steht und sich einem Netzwerk mit anderen Freiberuflern aus dem therapeutischen Bereich zum Erfahrungsaustausch anschließen. Aus den empfangenen Botschaften ging weiter hervor, dass sie bereits eine starke Persönlichkeit besitzt, ohne die sie den Beruf der Therapeutin nicht ausüben könnte. Auf diesem für sie unbekannten Terrain, sich eine freiberufliche Existenz aufzubauen, tauchten plötzlich tiefsitzenden Ängste auf, die jedoch mit ausreichender Selbstorganisation und Hilfe von außen in den Griff zu bekommen waren. Nach der ersten Sitzung fühlte sie sich bereits sehr erleichtert und stark ermutigt, ihren eigenen Weg zu gehen. Sie war motiviert und inspiriert. Der Schrecken der Angst wurde deutlich vermindert. Außerdem empfahl ich ihr, Literatur zum Thema Praxisaufbau für Therapeuten zu lesen und über ihre geplanten und umgesetzten Schritte Tagebuch zu führen. Nach weiteren Sitzungen konnte sie mir überaus glücklich mitteilen, den Sprung in die eigene Praxis gewagt zu haben. Die Dinge hätten sich für sie zum Guten gefügt. Sie sei nun Mitglied bei einem Unternehmensnetzwerk und im Psychologenverband und hätte auch einen kompetenten Marketingberater gefunden, der ihr zur Seite steht. Mut ist an die Stelle der Angst getreten und ihre Praxis ist nach einem Jahr bereits ausgebucht. Anhand dieses Fallbeispiels, können Sie erkennen, wie unsere Kraft oftmals hinter Ängsten verborgen ist. In unserem tiefsten Wesenskern sind wir stark und unversehrt. Gelingt es uns, die Schichten um das starke Ich abzubauen, wie hier im Dialog mit der Angst in Gestalt des Schneewittchen, gelangen wir zu unserem eigentlichen Sein.

# 3. Ressource — Inspiration

## Die Quelle der Lösungen

Das Wort Inspiration stammt aus dem Lateinischem und bedeutet „Beseelung", „Einhauchen von Geist, Seele oder Leben". Im alltäglichen Kontext sprechen wir von Eingebungen, Ideen, spontanen Einfällen oder unerwarteten Erfindungen. Die Inspiration hat Ihren Sitz im höheren Unbewussten und kann am besten bei völliger Entspannung fließen. Inspiration kann uns Lösungen eröffnen, die das Leben bei der Bewältigung von Problemen bzw. Aufgaben erleichtern. Wenn ich tue, was mir am Herzen liegt, lassen sich Visionen, Träume und Ziele mit Hilfe der Inspiration erreichen, als seien wir auf Autopilot programmiert. Die Betonung liegt hierbei auf dem TUN, wobei bestimmte Bedingungen zu beachten sind, um einen solchen Mechanismus in Gang zu setzen. Wer zum Beispiel ernsthaft krank ist, muss zunächst seine Gesundheit wiederherstellen, bevor er sich um andere Prioritäten kümmern und in dieser Hinsicht handlungsfähig werden kann.

Häufig müssen wir bestimmte Stufen des Leidens oder Krisen durchlaufen, bis wir bei uns ankommen oder wir bereit sind, uns für unseren eigenen Weg zu entscheiden. Ich bin grundsätzlich ein zuversichtlich denkender Mensch, weiß jedoch aus persönlicher Erfahrung, dass manche Wünsche nicht in Erfüllung gehen, weil die Zeit dafür noch nicht reif ist oder weil man vor einem Berg unüberwindbar scheinender Hindernisse steht, die zuerst zu bewältigen sind, bevor man „nach Hause" kommen darf. Manchmal setzt einem das Schicksal hart zu und man rutscht vielleicht in eine miserable Lage, die für eine lange Zeit keinen Raum und keine neue Perspektive zulässt. In solchen Augenblicken hat man das Gefühl, man tappe nur noch im Dunkeln umher. Daher ist es wichtig, die eigene Einstellung zur Situation zu reflektieren und eine zunächst beobachtende und liebevoll annehmende Grundhaltung einzunehmen. Die Inspiration, Ihre innere Lebenshaltung und Ihre weiteren inneren Ressourcen sind in so einer Lebenssituation womöglich das einzige Kapital, das Sie haben, um wieder aufzustehen, nach vorn zu schauen und los zu gehen. Ich glaube, dass Sie vom Leben unterstützt werden und die Realisierung Ihrer Wünsche leicht von der Hand geht. Die Grundbedingung ist wie so oft ein dynamisch-orientiertes Denken und Handeln. Es liegt an Ihnen, die Initiative zu ergreifen und Ihre Pläne umzusetzen. Die Verbindung zu Ihrem höheren Unbewussten schließt Sie an die Quelle der Kreativität an. Alle Begabungen, Anlagen und Talente entspringen einer der Natur innewohnenden Schöpfungsintelligenz, die alles, was existiert miteinander verbindet. Neben der Intuition gehört Inspiration meiner Erfahrung nach zu den kostbarsten Ressourcen des Menschen. Voraussetzung dafür ist das Vertrauen, dass Ideen und Informationen in jedem Falle aus dem höheren Unbewussten fließen werden. Das Vertrauen öffnet den Kanal zum freien Fließen. Sie können erkennen, dass die Informationen nicht aus dem niederen Unbewussten kommen, sondern wirklich eine höhere Eingebung sind, dass Sie weder sich selbst noch irgendeinem anderem Lebewesen damit schaden.

### Übung für die Inspiration:

Wir nehmen wieder eine bequeme sitzende Haltung ein und halten Schreibzeug bereit, um uns Notizen zu machen. Wir schließen die Augen, atmen zehnmal langsam und tief ein und aus.

Nun stellen wir uns vor, dass sich oberhalb unseres Kopfes ein goldener Kreis aus hellem Licht bildet und senkrecht eine Achse von unserem Herzen zu unserem Kopf entsteht. Dann verbinden wir unser Herz mit diesem Licht über unserem Kopf. Wir stellen uns währenddessen beispielsweise die Frage: „Soll ich in eine neue Stadt ziehen?" Diese Verbindung halten wir etwa 10 bis 20 Minuten. Nun stellen wir eine wichtige Frage oder schildern ein Problem und warten auf die Antwort, die uns die Inspiration geben wird. Vertrauen Sie einfach darauf, dass dies ohne Ihr Zutun geschehen wird. Nehmen Sie zunächst alle Antworten bewertungsfrei an und notieren Sie sie in Ihrem Notizbuch.

Nachdem Sie eine Antwort oder Lösung von Ihrem höherem Unbewussten erhalten haben, lesen Sie alle Notizen in Ruhe noch einmal durch und prüfen Sie, ob sie stimmig und anwendbar sind.

Haben Sie beispielsweise die Frage „Soll ich ein Jahr ins Ausland gehen?" gestellt, so könnten stimmige Antworten lauten: „Ja, aber zuerst als Vorbereitung zwei Wochen Urlaub in dem Land machen und sich dort über Visa sowie Arbeits- und Wohnmöglichkeiten informieren. Eventuell auch einen Sprachkurs in der Landessprache belegen." Eine solche Antwort ist umsichtig und vernünftig, wenn Sie wissen, dass Sie aus den höheren Anteil Ihres Ichs kommt.

Nehmen Sie sich die Zeit, alles was Sie an Eingebungen erhalten, in Ruhe zu sichten, um dann eine bodenständige und realistische Entscheidung zu treffen. Auch hier empfehle ich Ihnen, die Übung mehrmals zu wiederholen, bis Sie Routine darin bekommen, mühelos und einfach Ihre Ressource Inspiration zu nutzen. Verlässt Sie die Motivation, geduldig und beharrlich weiter zu üben, dann erinnern Sie sich, welche Belohnungen auf Sie warten. Bleiben Sie jeweils einen Monat lang bei einer Ressource bis Sie sich für diese ganz geöffnet haben und sie Ihnen jederzeit leicht zugänglich ist.

Meiner Erfahrung nach gehört die Inspiration zu den effizientesten Ressourcen, die die besten und schnellsten Lösungen bietet. Ein konsequentes Training der Inspiration wird unmittelbar sichtbar und spürbar.

## Fallbeispiel:

Eine Klientin in der Position einer mittleren Führungskraft ist aufgrund starker Stressbelastung und Hektik an ihrer Arbeitsstelle mit ihren Kräften ziemlich am Ende. Ihre Tätigkeit in einer Werbeagentur verlangt zudem ihre Teilhabe am kreativen Prozess, doch unter dem extremen Leistungsdruck fühlt sie sich von ihrem schöpferischen Potenzial abgeschnitten und hat keine Einfälle mehr.

Der erste Schritt bestand darin, die Klientin durch eine Meditation und tiefes, langsames Atmen zur Ruhe kommen zu lassen. Als zweiter Schritt wurde ihr empfohlen, täglich vor dem Schlafengehen leise Entspannungsmusik zu hören. Der dritte bestand darin, sich vor der kreativen Arbeit mit ihrem höheren Unbewussten über die langsame und tiefe Atmung zu verbinden und in eine offene Geisteshaltung einzutauchen.

Die Klientin berichtete anschließend, dass der Ideen- und Inspirationsfluss über die Ruhe und Langsamkeit wieder zurückkehrte. Als nächste Aufgabe begann sie dann, Ideen zu sammeln, um fortan auch unter starken Arbeitsbelastungen mit ihrer Inspiration und ihrer Mitte verbunden zu bleiben.

Mittels der Meditation, den konkreten Schritten und Aufgaben konnte die Klientin lernen, sich ihrem Unbewussten zu öffnen und auch in schwierigen Lebensumständen in Kontakt mit ihrer sprudelnden Lebens- und Inspirationsquelle zu bleiben.

# 4. Ressource – Kreativität

## Kreativität, der unerschöpfliche Fluss

Die Psychosynthese ist eine Methode, die es versteht, den inneren Raum der Potenziale zu öffnen und hervorsprudeln zu lassen. In diesem Kapitel bekommen Sie sieben Schlüssel, um die Quelle der Kreativität zu erschließen. Sie ist die wertvollste und damit wichtigste Ressource zur Bewältigung und Gestaltung unserer Lebenswirklichkeit.

Zu jeder Zeit in der Menschheitsgeschichte war die Kreativität eine wesentliche Quelle, sei es in der Kunst, Architektur, Wissenschaft, Politik, Gesellschaft oder in anderen Lebensbereichen. In Zeiten starker Umwälzungen, in der die meisten Menschen auf sich selbst zurückgeworfen werden, bildet die Kreativität für jeden Einzelnen die wichtigste Ressource. Die Vielfalt an Möglichkeiten und die Genialität, die uns diese einzigartige Kraft bietet, werden meiner Meinung nach nicht genügend gewürdigt. Die Kreativität ist eine Königsressource, die uns Alternativen und Perspektiven eröffnen und das Leben bedeutend vereinfachen kann.

Der Wortbedeutung nach hat Kreativität zwei Aspekte: Der Begriff ist abgeleitet vom lateinischen *creare* mit der Bedeutung „erschaffen, erzeugen, hervorbringen", enthält aber auch als weitere Wurzel das Verb *crescere* mit der Bedeutung „wachsen, werden, entstehen". Kreativität beinhaltet also einerseits ein aktives, absichtsvolles Hervorbringen und Gestalten und andererseits ein passives, absichtsloses Zulassen.

Kreativität gleicht einem unversiegbaren Brunnen, aus dem Sie schöpfen können. Kreativität ist ein schöpferischer und produktiver Prozess, durch den Kunstwerke, wie etwa Literatur, Gemälde,

Skulpturen oder Architektur, um nur einige Beispiele zu nennen, in der Welt zur Manifestation gelangen. Kreativ sein bedeutet, eine unsichtbare Innenwelt in der Außenwelt sichtbar werden zu lassen. Dabei bleibt der Kontakt zum Inneren und zu dem erschaffenen Werk immer bestehen. Denn nur wenn wir mit unserem Wesenskern verbunden sind, sind wir auch mit unserem schöpferischen Aspekt in Verbindung. Die Kreativität ist wie ein allen Wesen innewohnender Goldschatz, der tief in unserem Inneren verborgen ist. Bedauerlicherweise lernen wir nur selten unsere Anlagen in uns zu erschließen und behaupten deshalb allzu schnell, etwas nicht zu können oder dazu nicht fähig zu sein. Je mehr wir daher üben und je öfter wir in Verbindung mit unserer Kreativität stehen, desto müheloser wird sie künftig zur Verfügung stehen, wenn sie benötigt wird.

## Die Quelle von Kraft und Geborgenheit

Kreativität hat das Potenzial, uns von einer abhängigen Situation in eine selbstbestimmte Eigenständigkeit zu erheben, indem wir zur aktiven Selbsthilfe greifen. Ist die Verbindung zu diesem facettenreichen Kapital einmal etabliert, kann man jederzeit unter den bereits genannten Prämissen aus dieser Kraft konstruktive Lösungen schöpfen. Kreativität kann uns ein unabhängiges und unkompliziertes Leben ermöglichen und bewirken, dass wir die Komplexität in Beruf und Alltag besser überblicken und bewältigen.

Wenn wir wissen, wie wir uns diese unerschöpfliche Quelle erschließen und sie nutzen können, werden wir uns von innen heraus gestärkt und getragen fühlen. Die Verbindung zur eigenen Kreativität fühlt sich wie ein inneres Sicherheitsnetz an, das uns stützt und uns ein Gefühl von Geborgenheit und Halt gibt.

Wenden wir uns nun den **sieben Schlüsseln** zu, die uns Zugang zur Kreativität verschaffen.

# Kreativität braucht Achtsamkeit

Der **erste Schlüssel** ist Achtsamkeit. Um mit ihr in Kontakt zu kommen, werden wir uns entspannen und aufmerksam sein. Die Stimme der Kreativität ist sanft und leise. Meditation, Atemarbeit oder andere Entspannungstechniken beruhigen unseren Körper und Geist und lassen uns still werden.

Gehen wir achtsam mit uns und unserer Umgebung um, nehmen wir viel mehr wahr, was unsere Kreativität beflügeln könnte. Wir können unseren Wahrnehmungsraum nur erweitern, wenn wir in der Lage sind, still und achtsam zu sein. Achtsamkeit bei allem, was wir tun, hilft uns, genauer zu spüren und zu erfassen, was wirklich nötig ist, während unser oft voreiliges und unbedachtes Handeln uns leicht Lösungsmöglichkeiten, Eingebungen und Ideen übersehen lässt, und wir so neue Handlungsspielräume nicht erkennen, weil wir abgelenkt und zerstreut sind. Daher ist eine achtsame und offene mentale Ausrichtung entscheidend, um mehr Perspektiven im Leben zu entdecken und zu nutzen. Sie wirkt außerdem einem Tunnelblick oder resigniertem Denken entgegen, die uns blind gegenüber der Vielfalt und dem Reichtum des Lebens machen.

Eine wesentliche Rolle spielt in diesem Zusammenhang die Selbstverantwortung: Wir müssen den Mut haben, unsere Komfortzone zu verlassen und bereit sein, ein gewisses Risiko einzugehen, wenn wir mit Entschlossenheit und Tatkraft neue Weichen für unser Leben stellen.

# Kreativität braucht Struktur

Der **zweite Schlüssel** ist, uns eine Struktur zu schaffen, die Kreativität einlädt und gezielt fördert. Um Kreativität konstruktiv nutzen zu können, benötigen wir einen optimalen strukturellen Rahmen sowie ein gewisses Maß an Disziplin.

# Kreativität braucht lösungsorientiertes Denken

Der **dritte Schlüssel** schafft Voraussetzungen, um Kreativität einen Weg von innen nach außen zu bahnen. Wir müssen dazu eine bewegliche Geisteshaltung einnehmen, die sich auf Lösungen und nicht auf Probleme fokussiert. Diese Vorgehensweise verlangt, dass wir Verantwortung für uns und andere übernehmen und diese nicht an andere abgeben.

Eine Veränderung des Denkens beginnt mit der Erkenntnis, dass jede und jeder einzelne von uns der Urheber seines Lebens ist. Erkennen wir unsere Selbstverantwortung im Leben, dann können wir uns aus einer Opfermentalität befreien und zum Schöpfer und Gestalter unseres Leben werden. Die größten Hindernisse hierbei sind für die meisten unter uns Unentschlossenheit und Trägheit. Das rührt daher, dass viele nicht wissen, was sie innerlich wirklich bewegt und was sie wollen. Das innere Feuer, das Lebenslust und Begeisterung hervorruft und uns für eine Sache „brennen" lässt, ist nicht entzündet.

# Kreativität braucht einen Zugang

Der **vierte Schlüssel** besteht darin, im Unterbewusstsein abgespeicherte negative Programme aufzulösen und in neue positive Glaubenssätze umzuwandeln. Negative Muster und Widerstände versperren den Zugang zur Kreativität. Daher ist es immens wichtig, diese Blockaden aufzuheben, damit unser Potenzial wieder in Fluss kommt. Wir müssen uns der Kreativität öffnen und all das, was uns im Wege steht, beiseite räumen. Da es nicht gerade einfach ist, an unseren Geisteshaltungen zu arbeiten, nehmen Sie gern Hilfe und Unterstützung bei einem gut ausgebildeten Therapeuten, Psychologen oder Psychosynthese-Begleiter in Anspruch.

# Kreativität braucht Klarheit

Der **fünfte Schlüssel** beinhaltet Klarheit darüber, wohin man sich bewegen möchte. Diese Klarheit gewinnt man durch eine intensive und aufrichtige Auseinandersetzung mit sich selbst, indem man sich seiner Motive und Wünsche im Leben bewusst wird. Diese Bewusstheit weist den Weg, setzt Zeichen und gibt Orientierung und Ausrichtung. Dazu benötigen wir die oben erwähnte Struktur, die wie ein stabiles, zentrierendes Gefäß wirkt, das verhindert, dass der kreative Fluss in alle Richtungen kraftlos im Sande verrinnt. Das Gefäß stellt hier symbolisch eine klare, konzentrierte, auf authentische Werte orientierte Lebensausrichtung dar, die manifestiert werden soll.

# Kreativität braucht Willenskraft

Der **sechste Schlüssel** liegt in einem starken Willen, der die Wahrscheinlichkeit der Verwirklichung einer Vision oder eines Projekts erhöht. Die Willenskraft mobilisiert das Wahrnehmungsspektrum und die Empfänglichkeit für konstruktive Hinweise und Impulse. Je stärker der Wille ist, desto stärker wird die Kreativität zu einer Verbündeten. Der Wille ist sozusagen der Katalysator für die kreative Kraft und bringt diese zum Vorschein.

# Kreativität braucht den Kontakt zu sich selbst

Der **siebte Schlüssel** liegt darin, den Kontakt zum eigenen Wesenskern wiederzufinden. Dies geschieht, indem wir das falsche Ich zunehmend als trügerisch erkennen und ablegen und allmählich Zugang zu unserem wahren und authentischen Selbst, dem höheren Selbst, bekommen. Dabei sollte man zunächst außer Acht lassen, ob die Realisierung der Bedürfnisse, Wünsche und Ziele grundsätzlich möglich ist. Es ist zuerst einmal wichtig, sich selbst zu finden, sein wahres Ich zu entdecken, und erst dann zu hinterfragen und überprüfen, inwiefern dies in den gegenwärtigen Alltag integrierbar ist.

Durch Selbstreflektion und den bewussten Umgang mit Gedanken und Gefühlen lernen wir uns selbst kennen. Es geht im Leben nicht immer darum, etwas zu erreichen, sondern letztlich um die Bewusstheit, mit sich selbst verbunden zu sein und das wahre Selbst auch in der Welt zum Ausdruck zu bringen. Sind wir wirklich wir selbst und verleugnen uns nicht, strukturieren sich viele Aspekte unseres Lebens von selbst in die gewünschte Richtung.

## Kreativität ist unser innerer Reichtum

Fassen wir die sieben Schlüssel zur Kreativität noch einmal zusammen: Aufrichtigkeit uns selbst gegenüber schafft die Grundlagen, um mit der Quelle in uns in Kontakt zu kommen, wo all unsere Fähigkeiten und Potenziale sowie eine Fülle an Möglichkeiten und Chancen liegen. Der kreative Lebensweg erweitert unser Bewusstsein in Hinsicht auf das, was wir tun wollen und können. Kreativität schafft neue Gelegenheiten und Ausblicke. Der Fluss der Kreativität gehört uns, wenn wir uns ihm öffnen und bringt Freiheit sowie mehr Tiefe und Weite in unser Leben. Jeder Schlüssel, den ich anwende, um Kreativität in mir zu entfachen, bedeutet mehr Entlastung, Leichtigkeit und Sicherheit im Leben.

Das Gefühl, mit unserer Quelle der Kreativität verbunden zu sein, lässt uns souverän werden. Kreativität stellt unseren inneren Reichtum dar, aus dem wir jederzeit schöpfen können. Zudem macht es Spaß, kreativ zu sein und wir können unsere Ideen in der Welt zum Ausdruck bringen. Das Unsichtbare wird sichtbar. Es nimmt konkrete Form und Gestalt an. Mittels unserer Kreativität erschaffen wir unsere Wirklichkeit. Dabei ist es von besonderer Wichtigkeit, mit unserem Inneren verbunden zu sein, damit der kreative Fluss freie Bahn hat. Die sieben Schlüssel dienen als Anregung und Impuls, sich der Kreativität mehr zu öffnen und sich dadurch neue Freiräume zu erschließen.

Kreativität ist wie ein Goldbrunnen, aus dem wir ohne Unterlass schöpfen können, sobald der Boden dafür bereitet ist. Wir bahnen der Kreativität den Weg, und die Kreativität ebnet uns den Weg durchs Leben.

## Übung für die Kreativität:

Wir nehmen wieder eine bequeme Sitzhaltung ein und atmen mehrmals tief und langsam ein und aus. Wir stimmen uns darauf ein, uns mit unserer Kreativität zu verbinden. Stellen Sie sich nun vor, Sie seien an einem traumhaft paradiesischen Ort und entdecken dort einen seichten Fluss. Etwas weiter gibt es einen Wasserfall. Sie überqueren den Fluss und gehen zu diesem Wasserfall. Jetzt stellen Sie sich unter ihn und lassen das Wasser über und durch Ihren ganzen Körper herab fließen in dem Wissen, dass dieses Wasser Symbol Ihrer Kreativität ist. Sie verbinden sich mit dem Wasser und spüren, wie es jede Zelle Ihres Körpers berührt. Das Wasser und Sie werden eins, Sie sind Kreativität. Sie ist in Ihnen und fließt jederzeit und überall. Sie können immer aus Ihrer Kreativität schöpfen und etwas Neues in Ihrem Leben erschaffen und erzeugen.

## Fallbeispiel:

Eine Schriftstellerin hat eine große Schreibblockade und nimmt Einzelsitzungen, um wieder in den Schreibfluss zu kommen. Da sie vom Schreiben lebt und damit ihre Existenz absichert, steht sie unter enormen Druck und ist verzweifelt. Sie kennt die Ursache nicht, weshalb der Schreibfluss versiegt ist. Durch eine kleine Atem-Meditation wird sie ruhiger und entspannter und bekommt die Aufgabe, täglich morgens und abends jeweils zehn Minuten zu meditieren. Außerdem wird sie angeleitet, einen Text aus einem Buch abzuschreiben. Auf diese Weise erhält sie wieder eine Verbindung zum Schreiben und damit die Möglichkeit, die Kreativität hervorzulocken. Durch die nächste Aufgabe, Zeichnen und Malen, wird sie allmählich und sanft in einen anderen kreativen Prozess hineingeführt. Nach drei Sitzungen und täglichem Meditieren und Kopieren von Texten kommt ihr Schreibfluss wieder in Gang.

Dieses Fallbeispiel macht deutlich, das eine Form von Kreativität helfen kann, eine Blockade in einer anderen Form wieder in den Fluss zu bringen. In diesem Fall war es besonders wichtig, sich ungeachtet der Schreibblockade als kreativ erleben zu können. Der Ausdruck des kreativen Potenzials auf einer anderen Ebene führte letztlich zu einer Entspannung, die die Voraussetzung für das Auflösen der Schreibblockade war.

> „Kreativität kann man nicht aufbrauchen. Je mehr man sich ihrer bedient, desto mehr hat man."
>
> *Maya Angelou*

# Intuition, der sichere Wegweiser

Intuition stammt vom lateinischen Wort *intueri* und heißt über-
setzt „betrachten", aber auch „angeschaut werden". Intuition ist
gefühltes Wissen. Linda Roethlisberger (2012) bezeichnet die
Intuition als inneren Radar und grenzt sie von der Imagination
als inneren Monitor ab. „Durch Imagination tritt eine Inspiration
von außen als Intuition in uns auf [...] Intuition ist eine Art Über-
begriff für Imagination und Inspiration," (2006). Intuition drückt
sich unmittelbar über unser Gefühl aus. Die Stärke der Intuition
liegt darin, Informationen im unsichtbaren Bereich zu erkennen
und anzuziehen, so dass wir Entscheidungen treffen können, die
sich später meist als begründet und richtig erweisen. Die Intuition wirkt quasi interdimensional und schenkt uns Einblicke, die
uns bei unserem alltäglichen, diskursiven Gebrauch des Verstan-
des nicht zugänglich sind.

Ohne genaues Faktenwissen zu haben, ermöglicht ein intuiti-
ves Erfassen der Situation, schnell und spontan, „aus dem Bauch
heraus", eine sichere und stimmige Entscheidung für uns treffen
zu können. Gerade in unserer schnelllebigen Zeit steten Wandels
müssen wir oft sehr kurzfristig und unerwartet reagieren. Besonders wichtig ist Intuition jedoch in den Führungsetagen von
Management und Marketing, weil nur im engen Kontakt mit sich
selbst und anderen Menschen, mit Einfühlungsvermögen in die
jeweilige Lage, sich erfolgreiche und wegweisende Entscheidungen treffen lassen. Durch Schulung der Intuition gewinnen wir
auch in unserem Alltag Hinweise, welchen Weg wir einschlagen
sollten und wie sich die Herausforderungen des Lebens leichter
bewältigen lassen.

Intuition wird über die Gefühle kommuniziert – man spricht
daher auch von emotionaler Intelligenz –, und kommt in Form
von Symbolen, Zeichen, Bildern, Worten zum Ausdruck. Auch die

sogenannten Zufälle fungieren oft als Führungen oder Fügungen der Intuition.

## Visualisierungs-Übung:

Nehmen Sie eine bequeme Körperhaltung ein und lenken Sie Ihre Aufmerksamkeit auf Ihren Atem. Atmen Sie langsam und ruhig. Stellen Sie sich vor, dass Sie sich inmitten eines sehr großen unübersichtlichen und dichten Rosengartens befinden und dort nach einem Wintergarten suchen. Bitten Sie Ihre Intuition um Führung und folgen Sie Ihren inneren Impulsen. Ihre Intuition wird Ihnen jetzt eine Botschaft übermitteln, ob Sie nach rechts oder links abbiegen müssen und Sie gezielt und sicher zu diesem Wintergarten hinführen. Sie vertrauen dieser inneren Stimme mit der Zuversicht, dass Sie Ihnen hilft, den Weg zum Wintergarten zu finden. Nach einer Weile erreichen Sie den Wintergarten.

## Fallbeispiel:

Ein Klient hat 25 Jahre als Ingenieur bei vielen Firmen gearbeitet und in verschiedenen Positionen und Funktionen zahlreiche Berufserfahrungen gesammelt. Er ist mit seinem Tätigkeits- und Aufgabenfeld unzufrieden und sucht nach einer völlig neuen beruflichen Orientierung Er weiß bereits, dass er sich geistig-seelisch weiterentwickeln und einen Beruf ausüben möchte, der mit Menschen zu tun hat. Ihm schwebt eine Ausbildung als Masseur für den Wellness-Bereich vor, ist sich aber nicht ganz sicher, ob das wirklich die richtige Wahl für ihn ist, denn ihn interessiert im Grunde eine tiefer gehende Arbeit, wie beispielsweise im Bereich der Persönlichkeitsentwicklung. Eine therapeutische Arbeit kommt für ihn jedoch nicht infrage, da sie ihm zu viel Verantwortung mit sich bringt. Hinsichtlich der Bereiche von Beratung und Training ist er ebenfalls unschlüssig.

Während der Sitzung versetzte ihn eine Meditation in tiefe Entspannung. Dann wurde er aufgefordert, Kontakt mit seiner inneren Stimme aufzunehmen. Er sollte beobachten, ob er ein Bild oder eine Botschaft in Worten empfängt. In einem inneren Bild sah er sich Menschen beraten und coachen, indem er Vorträge und Seminare abhielt und damit glücklich und zufrieden war. Eine innere Stimme forderte ihn auf: „Wage den ersten Schritt. Sammle Informationen über Weiterbildungsinstitute aus dem Bereich Beratung/ Coaching und entscheide dich, eine neue Ausbildung zu beginnen."

Als Hausaufgabe bekam er, täglich fünf Minuten zu meditieren, damit er in Kontakt mit seiner Intuition zu bliebe und mit ihrer Hilfe auch das richtige Fortbildungsinstitut fände.

Wir konnten anhand dieses Beispiels erkennen, wie eine zeitweilige Desorientierung beseitigt wurde, da der Klient tief in seinem Inneren bereits wusste, was ihn wirklich interessiert und berührt. Er entdeckte die für ihn stimmige Arbeitsform und fand bald darauf auch das passende Ausbildungsinstitut, wo er die Ausbildung zeitnah begann.

## 6. Ressource — Imagination

# Imagination, die Macht der Bilder

In der Psychosynthese wird großes Gewicht auf die Imagination, die Arbeit mit Bildern, gelegt, weil sie die Sprache des Unbewussten ist. Über die Visualisierung von konkreten Bildern oder bei Tiefenentspannung steigen Bilder aus dem Unbewussten auf und teilen uns auf diesem Wege Botschaften mit. Die Imagination arbeitet mit Bildern, die unsere Emotionen verringern oder verstärken. Da unser Unterbewusstsein mit Bildern in Resonanz geht, sollten wir stets sorgfältig darauf achten, was wir uns vorstellen, denn nur wenn wir präzise sind, ziehen wir die entsprechenden Ergebnisse in unserem Leben an.

### Übung um die Vorstellungskraft zu trainieren:

Bevor wir mit der Übung beginnen, besorgen wir uns eine Rose. Wir stellen sie in eine Vase in etwa einem Meter Entfernung. Nun nehmen wir wieder eine bequeme Körperhaltung ein und lenken unsere Aufmerksamkeit auf unseren Atem. Wir atmen ganz langsam und ruhig Ruhe ein und Unruhe aus. Jetzt betrachten wir die Rose 10 bis 15 Minuten lang in all ihren Facetten und nehmen alles wahr, was diese Rose ausmacht. Dann schließen wir die Augen und stellen uns diese Rose vor unserem geistigen Auge in ihrer Gesamtheit vor. Wahren Sie das Bild der Rose ungefähr 5 bis 10 Minuten. Dann lassen Sie es los. Fiel Ihnen diese Übung leicht oder schwer?

Sinn und Zweck der Übung liegen darin, dass Sie lernen, sich ein Idealbild solange wie möglich vorzustellen. Falls Ihnen die Übung schwergefallen ist, lassen Sie sich nicht entmutigen; es ist alles eine Frage des Trainings und der Geduld. Im Laufe der Zeit, vorausgesetzt Sie üben regelmäßig, wird es Ihnen immer leichter fallen, ein Idealbild vor Ihrem geistigen Auge zu erschaffen.

## Fallbeispiel:

Im folgenden Beispiel aus meiner Beratungspraxis können Sie erkennen, welche Auswirkungen und Ergebnisse die Anwendung der Imagination für Sie haben kann.

Ein Klient möchte in seiner Karriere vom mittleren zum höheren Management aufsteigen. Große Angst und mangelndes Selbstvertrauen halten ihn jedoch davon ab, sich für einen höheren Posten in seiner Firma intern zu bewerben, obwohl er entsprechende Qualifikation und Berufserfahrung besitzt.

In der Sitzung wird er aufgefordert, die Augen zu schließen, sich zu entspannen und sich eine Szene vorzustellen, wie er alle Ängste verliert und mutig ist. Er möge sich etwa 10 Minuten lang emotional und in voller Tiefe in die Szene hineingeben, bis der Mut ihn vollständig umfängt. Nun vollkommen von Mut erfüllt, wird er aufgefordert, sich zu sehen, wie er selbstbewusst und mit all seinen Fähigkeiten seine Bewerbung bei der Personalabteilung abgibt. Auch bei diesem Bild bleibt er etwa 10 Minuten lang, bis er es völlig verinnerlicht hat. Als er anschließend die Augen öffnet, erzählt er, wie die Angst, für die angestrebte Position nicht kompetent genug zu sein, verschwunden ist. Als Hausaufgabe wird ihm aufgetragen, täglich einen Monat lang 1-2 mal die Woche diese Übung anzuwenden, damit sich Sicherheit und die neuen Qualitäten an Selbstvertrauen und Mut in seinem Bewusstsein verfestigen. Einen Monat später teilte mir der Klient mit, dass er sich für die Stelle beworben und inzwischen auch eine Zusage zur Beförderung bekommen habe. Er war überaus glücklich und wirkte dadurch noch gelassener.

# Wille,
# die Mobilisierung der psychischen Kräfte

Der Wille kann zu einer unschlagbaren Kraft werden, wenn er mit dem Herzen verbunden wird. Ein Wille, der das Herz zum Verbündeten hat, kann Berge versetzen. Mit der Kraft des Willens können Sie viele Widrigkeiten leichter durchstehen und überwinden. Ein Wille mit Herz führt Sie konsequent und unbeirrbar an Ihr Ziel. Der Wille bündelt Ihre Energien zu einem Zentrum von großer Kraft, das Sie zum Handeln mobilisiert. Dabei ist es entscheidend, dass Sie etwas wirklich und wahrhaftig aus ganzem Herzen wollen, weil Sie nur dann Mittel und Wege finden werden, um Widerstände und Hürden aus dem Weg zu räumen oder zu überwinden. Aufrichtiger Wille kann außerdem die Ängste mindern, die uns sonst von Vorhaben zurückschrecken lassen und uns Zuversicht geben, dass das Ziel erreichbar beziehungsweise umsetzbar ist.

Wahres Wollen erzeugt eine starke Anziehungskraft, die Menschen, Situationen und Dinge, derer wir gerade bedürfen in unser Leben hineinzieht. Wir können uns mit ihnen identifizieren und stimmen mit ihren Werten überein. Auf dieser Schwingungsebene des wahren Wollens erkenne ich leicht und mühelos, was ich bin und was zu mir passt. Alles was nicht mehr zu mir gehört, was eine Maske war oder eine übernommene Rolle zur Anpassung an die Gesellschaft fällt von mir ab. Wahres Wollen bringt meine wirkliche Identität hervor und das, was mich innerlich zutiefst bewegt.

### Übung für die Stärkung der Willenskraft:

Wir legen Schreibzeug und Papier bereit und nehmen eine bequeme Körperhaltung ein. Nun verbinden wir uns bewusst mit unserem Atem und atmen langsam tief ein und aus, bis wir uns am ganzen Körper entspannt fühlen.

Jetzt denken wir an einen Traum, den wir aus vollem Herzen verwirklichen möchten. Wir zentrieren uns und stellen uns das Idealbild, die Erfüllung des Traumes, vor. Nun betrachten wir dieses Bild und beobachten unsere es begleitenden Gefühle von großer Freude, Begeisterung und Leidenschaft. Wir sind jetzt sicher, das es das ist, was wir wirklich wollen. Wir spüren, wie dieses Bild unsere Willensstärke mobilisiert und uns zum Handeln motiviert. Wir können es kaum noch erwarten, die ersten Schritte hin zur Verwirklichung unseres Traumes zu unternehmen. Das Idealbild intensiviert unsere Emotionen und wir glauben unerschütterlich fest daran, dass wir unseren Traum erreichen können. Abschließend kommen wir langsam aus der Entspannung und Visualisierung zurück. Dann notieren wir uns alle Einzelheiten des Bildes und machen Anmerkungen, wie die Teiletappen des Wegs zum Ziel aussehen könnten.

Fallbeispiel:

Eine Klientin arbeitet seit zwei Jahren am Aufbau einer eigenen Existenz und hat sich ein solides wirtschaftliches Fundament als Trainerin aufgebaut. Es fehlt ihr jedoch an Stringenz und Disziplin, da sie sich immer wieder ablenken lässt, indem sie telefoniert, ständig E-Mails überprüft, spazieren geht, Kaffee trinken geht oder sich täglich von einer Freundin einspannen lässt. Das hat zur Folge, dass sie sehr viel Zeit verliert, sich verzettelt und wesentliche Dinge auf der Strecke bleiben. Sie hat sich einige Ziele gesetzt, die sie unbedingt erreichen möchte und für die sie die Ressourcen Zeit und Kraft braucht.

Per Flip-Chart halten wir fest, was ihr Kraft gibt. Im Anschluss daran listet sie ihre Ziele nach absteigender Priorität auf. Jetzt wird sie gebeten, die Dinge zu betrachten, die ihr Energie, Lebenslust und Freude bereiten und was sie dabei empfindet. Sie sagt, sie fühle sich voller Elan und ihr tiefer Wunsch motiviere sie, sich zukünftig besser abzugrenzen und sich besser zu organisieren und so ein Gleichgewicht zwischen Arbeit und Freizeit herstellen zu können. Indem sie sich ein neues Selbstmanagement erarbeitete, wurde sie effektiver und erreichte ihre Vorhaben und Anliegen zielsicher bis ins letzte Detail.

An diesem Beispiel erkennen wir, wie das Erkennen des Herzenswunsches die nötige Motivation schafft, um die Situation zu verändern. Indem sie sich ihre Werte vor Augen hält und wertschätzt, erkennt sie auch, was sie gegen die Ablenkungen unternehmen muss, um zu ihrem eigentlichen Ziel zu gelangen.

## 8. Ressource — Schreiben

# Schreibtherapie —
# die heilsame Kraft des Schreibens

„Ein Stück Papier und ein Kugelschreiber können Wunder bewirken: Schmerzen heilen, Träume in Erfüllung gehen lassen, verlorene Hoffnung wiederbringen. Im Wort liegt die Kraft." Diese Worte Paulo Coelhos bringen für mich die Essenz des Schreibens zum Ausdruck.

Schreiben klärt und ordnet, was unseren echten Werte, die uns einen Sinn im Leben geben, sind. Durch Schreiben können wir uns einen schöpferischen Reichtum erschließen und unseren Verwirklichungsprozess fördern. Der erste Schritt wird getan, indem das Anliegen aus dem ideellen Raum zu Papier gebracht und somit bewusst gemacht wird.

Schreiben kann das Unsichtbare in uns spürbar und lebendig machen. Das Führen eines Tagebuchs oder das Verfassen einer Autobiographie kann uns beispielsweise bewusster werden lassen und dabei helfen, uns selbst besser zu reflektieren. Schreiben wirkt wie das Vorhalten eines Spiegels, denn vieles, was im Unbewussten schlummert, steigt an die Oberfläche und wir können es besser erforschen. Alles, was wir an Potenzial, Sehnsüchten und Verletzungen unterdrücken und verdrängen, kann sich über das Schreiben Ausdruck verschaffen, so dass zum Beispiel psychosomatische Symptome reduziert werden können und unsere psychische Kraft wieder zunimmt. Das Leben in uns drängt nach Entwicklung und Wachstum, wie alles, was wir in der Natur beobachten können.

### Fallbeispiel:

Ein Klient möchte mehr Klarheit und eine Neuorientierung in seinem Leben bekommen: Er schätzt seine gegenwärtige Situation als perspektivlos ein und ist erschöpft, da seine Arbeit ihn sehr beansprucht und er kaum Freizeit hat. Obwohl er noch bei seiner Frau und den vier Kindern im Haus lebt, ist er seit drei Jahren von seiner Frau getrennt und die Scheidung steht bald an. Da er sich kurzfristig eine Wohnung suchen muss, steht er zudem unter zeitlichem und finanziellen Druck, weil die Miete und die auf ihn zukommenden weiteren monatlichen Belastungen an Unterhaltsleistungen ihn bedrücken und entmutigen. Seine Arbeit empfindet er als kräftezehrend und sie bereitet ihm keine Freude mehr; die sinnlose Monotonie der immer gleichen Abläufe und der aufgebürdete Stress fordern ihm immer stärkeres Durchhaltevermögen ab. Zudem macht er sich große Sorgen, sein Arbeitsplatz könne ihm jeden Augenblick gekündigt werden, was ihm schlaflose Nächte bereitet. Er sieht keinen Ausweg mehr und die zeitlichen und finanziellen Ressourcen sind knapp. Daher möchte er eine gut ausgereifte Entscheidung treffen, um seine Situation zu verbessern.

Ich bat ihn, sich zunächst ein Tagebuch anzuschaffen und darin alles aufzuschreiben, was ihn unzufrieden macht und belastet sowie, was ihn bereichert und glücklich macht. Es waren Fragen wie: Was stört mich ganz genau am Arbeitsplatz? Was fehlte mir in der Partnerschaft? Was fehlt mir? Was vermisse ich in meinem Leben? Was wollte ich schon immer? Wo will ich hin? Wofür lebe ich? Was ist meine große Leidenschaft? Was holt mich innerlich ab? Diese Fragen dienen als eine Art Übersicht über die Gedanken und ziehen eine Lebensbilanz. Anhand der Antworten können wir eine Richtung erkennen, wohin es gehen soll und was die nächsten Schritte sind.

Zur nächsten Sitzung brachte er die beantworteten Fragen zur Besprechung mit. Ihm seien nun einige Dinge wirklich klar und bewusst geworden. Die Partnerschaft nährte ihn in geistig-seelischer Hinsicht nicht mehr und auch der permanente Zeitmangel sorgte dafür, dass die Freizeitgestaltung mit der Familie auf der Strecke blieb. Er wünsche sich eine neue Partnerin, mit der er seine intellektuellen und spirituellen Werte verwirklichen kann. Durch das Schreiben konnte er einen Teil seines Trennungsschmerzes verarbeiten und loslassen. Den Blick auf die Gegenwart und Zukunft gerichtet, motivierte und erfüllte ihn die Perspektive auf eine neue Partnerschaft und gab ihm Kraft, endlich die Scheidung zu vollziehen und sich sofort eine neue Wohnung zu suchen. In seinem beruflichen Feld erkannte er, dass er sich von Aufgaben und Funktion entfremdet hatte. Deshalb informierte er sich über Fortbildungsmöglichkeiten und begann, eine neue Stelle in einem Sektor zu suchen, wo die zeitliche Belastung nicht so hoch sein würde. Statt fünf Tagen arbeitete er nun 4 Tage die Woche und schaffte somit den nötigen Freiraum, um berufsbegleitend eine Weiterbildung zu beginnen, die ihm einen Tätigkeitsbereich eröffnete, mit dem er sich identifizieren konnte. In kleinen und langsamen Schritten erreichte er seine Vorhaben und legte den Grundstein für ein neues Leben.

Ziel dieser Übung ist es, die Wahrheit über das eigene Leben offen zu legen und ehrlich eine neue Ausrichtung einzuschlagen. Durch das Schreiben kann eine Verbindung zu den wirklichen Werten, Bedürfnissen und wahren Interessen entstehen. Doch nur diejenigen, die sich mit ihrem Herzen verbinden, werden in der Lage sein, eine Lösung und ausreichend Motivation zu finden, um erste kleine Schritte in die Wege zu leiten und eine neue Lebensgestaltung anzugehen, die ihr Wertespektrum widerspiegelt.

# Bibliotherapie — Lesen öffnet neue Türen

Bildung formt den Charakter. Eine gehaltvolle und sinnvolle Literatur kann wie eine geistige Nahrung auf uns wirken, durch die wir gestärkt und bereichert werden. Lesen kann uns gegen Angriffe aus unserem Umfeld immun machen. Lesen kann uns neue Türen und Tore eröffnen sowie unseren Bewusstseinshorizont erweitern. Bücher sind wie Vitamine und Mineralstoffe, wie eine Energiezufuhr, die uns zu anderen Seins-Dimensionen emporheben können.

Eine tägliche Lektüre von 20-30 Minuten zuhause, in der Arbeitspause oder während einer Zugfahrt genügt, um eine spürbare Wirkung zu erzielen. Das Lesen von erhebenden Büchern kann motivieren, inspirieren, neue Kraft, Ideen und Stärke geben, neue Möglichkeiten, Chancen, Perspektiven und Alternativen aufzeigen oder Anregungen für Lösungen bieten. Wert und Bedeutung eines Buches sind nicht zu unterschätzen; manchmal kann es eine enorme Antriebskraft für eine völlig neue Lebensausrichtung sein.

Daher sollte Ihre erste Wahl auf Bücher aus dem Bereich praktischer Lebenshilfe und Psychologie fallen. Vertrauen Sie dabei Ihrem Gefühl und achten Sie auf Ihre Bedürfnisse.

## Fallbeispiel:

Eine Klientin ist mit ihrer Wohnsituation sehr unzufrieden. Sie lebt in einer Ein-Zimmer-Wohnung inmitten von viel Lärm und Hektik des Straßenverkehrs in der Stadt und besitzt viele Sachen und Möbel. Sie spürt, dass sie keine Kraft für einen Umzug aufbringen kann und versteht angesichts des dringenden Bedürfnisses, umzuziehen nicht, weshalb sie sich nicht dazu motivieren kann. Sie fühlt sich unwohl, ist unzufrieden und hat Schlafstörungen.

Ich empfehle ihr ein Buch von Karen Kingston, „Feng Shui – Gegen den Gerümpel des Alltags". Nachdem sie das Buch gekauft und gelesen hat, soll sie mit ihm hinsichtlich der Anwendung von Feng-Shui-Prinzipien damit arbeiten. Sie beginnt damit, vieles auszumisten und spendet einen Großteil der Möbel und Bücher, die sie nicht mehr braucht. Allmählich spürt sie die damit einhergehende Erleichterung und Befreiung. Ein halbes Jahr später hat sie die Eingebung, einen Bekannten, der einmal in der Immobilien-Maklerbranche tätig war, zu fragen, ob er vielleicht jemanden kenne, der eine Wohnung zu vermieten habe. Dieser Einfall erweist sich als ein Volltreffer, denn der Bekannte gibt ihr die Telefonnummer eines Freundes, der eine schöne große Zwei-Zimmerwohnung in einem herrlichen Jugendstilhaus zu vermieten hatte. Zwei Monate, nachdem sie Kontakt zu dem Vermieter aufgenommen hatte, zog sie in ihr neues Heim.

Dieses Beispiel an Bibliotherapie soll veranschaulichen, wie die richtige Lektüre Motivation und Antrieb auslösen kann. In diesem Fall gab es sogar eine doppelte Wirkung: das Buch wirkte zum einen als Inspiration und zum anderen hatte die praktische Anwendung der Feng-Shui-Prinzipien eine wesentliche Auswirkung.

# 10. Ressource — Spiel

## Spielerisch leben

Eine spielerische Haltung einnehmen bedeutet, die Dinge gelassener und möglichst nicht so ernst zu nehmen. Mit einer spielerischen Einstellung erreichen wir den Zustand des sogenannten Flows. Mihaly Csikszentmihalyi, ein Flow-Forscher aus den USA, bezeichnet den Flow als einen Zustand, der aus einem vertieften und konzentrierten Tun entspringt. In ihm erleben wir das Gefühl absoluten Vertrauens und Glücks. Assagioli betonte, wenn wir eine verspielte Haltung unseren Aufgaben und Verpflichtungen gegenüber einnähmen, ginge uns vieles einfacher von der Hand. Jede Aktivität, sei es Lernen, Studieren, Kochen, Arbeiten oder den Haushalt Herrichten, kann zum Spiel werden und uns wie in unseren Kindertagen viel Freude bereiten. Gelingt es uns, spielerisch zu leben, lassen wir damit mehr Leichtigkeit und Freiheit in unseren Alltag einkehren und dieser Zustand wirkt sich wohltuend und harmonisierend auf unsere Gesundheit und Lebensqualität aus.

### Visualisierungs-Übung zur Einstimmung einer spielerischen Haltung:

Nehmen Sie wieder eine bequeme Körperhaltung ein und machen Sie drei tiefe Atemzüge. Stellen Sie sich nun vor, wie Sie als Kind mit Ihren Freunden gespielt haben und welche Freude und Erlebnisse Sie dabei erfahren haben. Tauchen Sie vollkommen in eine der damaligen Spielsituationen und spüren Sie, wie Sie sich gefühlt haben. Erleben Sie die Leichtigkeit, den Spaß, das Unbeschwertsein und die Sorglosigkeit. Bleiben Sie bei diesem Bild und Zustand an die fünf bis zehn Minuten. Kommen Sie nun ganz langsam wieder zurück aus der Visualisierung. Vermochte diese Kindheitserfahrung beim Spielen Sie wieder an diesen Zustand der Gnade und Einfachheit erinnern? Bewahren Sie dies als Erinnerung für eine spielerische Haltung und integrieren Sie sie in Ihr alltägliches Leben. Wiederholen Sie diese Übung ein- bis zweimal die Woche, um immer leichter Zugang zu diesem Zustand zu erlangen.

## Fallbeispiel:

In meine Beratungspraxis kommt eine Klientin, die sich vor einem Jahr, nachdem sie eine professionelle und zertifizierte Ausbildung absolviert hatte, als Coach selbständig gemacht hat. Der Absprung aus dem Angestelltenverhältnis in die Selbstständigkeit löste in ihr ein Gefühl von Freiheit und Unabhängigkeit aus und eröffnete ihr zahlreiche Entfaltungsmöglichkeiten als Selbständige, die sie nicht mehr missen möchte. Da sie keinerlei Erfahrungen mit der Selbständigkeit hatte, fehlte ihr ein gewisses Knowhow sowie Strategien beim Aufbau der Selbständigkeit, was bei ihr zu erheblichem Druck und Sorgen führte. Deshalb geleitete ich sie zunächst durch die oben aufgeführte Visualisierungsübung. Ziel war es, sie in einen Zustand von Unbeschwertheit hineinzuführen, so dass sie emotional genügend Abstand zu ihren Sorgen und Problemen bekommen konnte. Erst mit einer unvoreingenommenen, leichten und spielerischen Haltung konnte sie neue Perspektiven und Lösungen wahrnehmen. Der nächste Schritt bestand darin, sich für das Üben der spielerischen Haltung ein Tagebuch anzuschaffen. Dies gab ihr Gelegenheit, sich jeden Tag jeweils morgens auf diese neue Einstellung einzustimmen und am Abend einen Tagesrückblick zu machen und dabei zu beobachten, wie diese spielerische Eigenschaft sich auf ihre unternehmerischen Aktivitäten auswirkt. In dem Tagebuch wurden auch Aufgaben, Ziele und Teilziele festgelegt und überprüft, ob diese auch erledigt und erreicht worden sind. Nach Ablauf zweier Sitzungen erkannte sie, dass sie in ihrer selbständigen Arbeit unorganisiert und ziellos vorgehe. Daher beschloss sie, noch ein Zeit- und Selbstmanagement Seminar zu besuchen.

Nach weiteren zwei Sitzungen trat eine deutliche Verbesserung ihrer Selbstorganisation auf und sie war ermutigt, jetzt weiterhin eigenständig ihren Weg als Selbständige zu gehen. Vertrauen und Souveränität traten anstelle der vorherigen Existenzängste. Abschließend gab ich ihr den Rat, das Tagebuch solange zu führen, bis sie Routine erlangt habe.

Mit diesem Fallbeispiel möchte ich aufzeigen, wie die Klientin mithilfe von Vorstellungskraft und dem Führen eines Tagebuches ihre Einstellung verändern konnte. Indem sie alles notierte, was für ihr Ziel von Bedeutung war, verschaffte sie sich eine klare Übersicht. Durch notierte Störungen und unterlassene Aktivitäten wurden deutlich und mit der Aufführung der Einzelheiten deckten wir die Ursachenkette auf, was letztlich zu einem Happyend führte.

# Der praktische Wert der Psychosynthese

## Die Geschenke und der Nutzen der Psychosynthese

Wer die Psychosynthese täglich in sein Leben integriert und keine Mühe scheut, sich täglich mit seinem höherem Selbst bzw. Unbewussten zu verbinden, wird ein neues Lebensgefühl erfahren, das von Leichtigkeit und innerer Geborgenheit geprägt sein wird. Die Innenwelt wird schärfer wahrgenommen und ein ganzheitliches Bewusstsein kann entstehen. Denn durch die Rückbindung an das höhere Unbewussten, erlebt man sich in seiner Ganzheit, in der Verbindung von Geist und Körper.

Auf dem gängigen Markt an Lebenshilfen gibt es viele interessante Methoden, das Besondere der Psychosynthese ist jedoch, dass sie das höhere Unbewusste mit seinem spirituellen Streben nach Sinn und schöpferischer Verwirklichung einschließt. Dieser wesentliche Aspekt der Psychosynthese, eine vollständige Rückanbindung an unser höheres Selbst, lässt uns zu freien und unabhängigen Menschen werden. Wir lernen, die Impulse und Informationen aus uns heraus zu schöpfen. Wir werden zu interdimensionalen Menschen; darunter verstehe ich, eine Verbindung mit dem Urgrund des Lebens, dem Sitz der Schöpfungsquelle zu haben, zu der wir jederzeit Zugriff erhalten. Dies setzt voraus, dass wir unsere Fähigkeiten, mit der inneren Schöpfungsintelligenz in Kontakt zu gelangen, intensiv geschult haben.

# Die Aufforderung,
## schnell zu entscheiden und zu handeln

Erst wenn wir inneren und äußeren Ballast abwerfen, werden wir wirkliche Freiheit erleben können und in unserer persönlichen Entwicklung und im Wachstum weiterkommen. Es gilt, die Ressourcen und Fähigkeiten unseres ungenutzten Potenzials, was bei ungefähr 90 Prozent liegen soll, zu aktivieren und auszuschöpfen. Mittels ihres praktischen Ansatzes hilft uns die Psychosynthese, aus unserem inneren Reichtum zu schöpfen. In der heutigen Zeit rennt das Leben immer schneller, doch bei der Entwicklung menschlicher Fähigkeiten brauchen wir Zeit. Die Aufgaben, die wir als moderne Menschen zu bewältigen haben, ändern sich schnell und verlangen von uns ständige Kompetenzbereitschaft und eine erhöhte Flexibilität in immer kürzeren Zeitabständen.

Wir können unsere Existenz langfristig nur dann sichern, wenn wir ständig und stets wandelbar sind. Daher sollte an jeder Schule das Fach „Ressourcen und Fähigkeiten trainieren" Pflicht sein, ebenso wie in jeder Organisation und jedem Unternehmen. Denn dies hätte zur Folge, dass die Menschen kreativer, produktiver und kompetenter im Leben werden. Diese Eigenschaften kämen nicht nur dem Einzelnen oder dem jeweiligen Unternehmen zugute, sondern auch der Gesellschaft und der Wirtschaft.

Überall auf der Welt sind wir heute aufgerufen, ein neues Gesellschafts- und Wirtschaftssystem zu entwickeln, dass für den Menschen und nicht gegen den Menschen ausgerichtet ist. Dies erfordert eine Überprüfung unseres derzeitigen Wertsystems und verlangt ein Umdenken und Neudefinition unserer Werte. Ein Gesellschaftssystem, das hauptsächlich dem Mammon hinterher rennt, ist zwangsläufig zum Scheitern verurteilt. Die Idee, die diesem Buch zugrunde liegt besteht darin, Sie auf andere Reichtümer aufmerksam zu machen, auf andere Aspekte der Fülle, auf die geistige und emotionale Fülle, die Beziehungen zu den Menschen, die wir lieben und mit denen wir gerne Zeit verbringen. Wenn wir die Fülle in uns erschließen, werden wir auch äußere Fülle erleben, denn inneres Erfülltsein strahlt auf das Außen ab und wird es letztlich ebenfalls bereichern.

# Nachwort

## Die Erweiterung
## des eigenen Bewusstseinshorizontes

> „Ich empfand so etwas wie eine innere Form voller
> Kraft, Schönheit und Freude, eine Form aus Licht
> und Feuer, die mein ganzes Sein stützte; eine sta-
> bile, immer gleiche Form, die ich in meinem Leben
> häufig wiederfand, in den Zeiten dazwischen ver-
> gaß und immer mit Begeisterung und dem Ausruf
> wiedererkannte: „Siehe da, mein wahres Sein!"
>
> *Pater A. Gratry*

Die Magie der Psychosynthese hat mich die ganze Zeit während
des Schreibprozesses begleitet. Dieses Buch zu schreiben, war
für mich sowohl eine große Bereicherung als auch ein Kristalli-
sierungsprozess. Roberto Assagioli ist ein edler und einfühlsamer
Geist gewesen und er hat der Menschheit etwas sehr Wertvolles
hinterlassen: eine Methode, um innerlich zu wachsen und sich
selbst zu verwirklichen. Leider wird seiner Leistung und Größe
auf dem Gebiet der Psychologie keine angemessene Anerken-
nung und Wertschätzung zuteil. Dies soll sich nun ändern und
mehr Menschen sollten von dem Begründer der Psychosynthese
erfahren und Nutzen aus seinem Modell der Lebenshilfe ziehen.

Beim Schreiben hat sich mein Bewusstseinshorizont etwas erweitert, da eine erneute Selbstreflexion und eine weitere Psychosynthese stattgefunden hat. Ich habe meine Energien konzentriert

und gebündelt, um dieses Buchprojekt zu verwirklichen. Ich hoffe, dass ich Ihnen liebe Leser, damit einen gewissen Einblick in diese psychologische Sichtweise gewähren konnte und dass Sie für sich Nützliches daraus zu gewinnen vermochten. Wie wir am Anfang des Buches fest gestellt hatten, handelt es sich bei der Psychosynthese um eine Art Psychagogik, die uns hilft, uns selbst zu erziehen, um die inneren Kräfte in die gewünschten Bahnen zu lenken und nicht Marionette innerer Anteile zu werden, die unser Leben bestimmt, ohne dass wir Kontrolle über sie haben.

## Die Bilanz unseres eigenen Lebens

Eine derzeitige eigene Lebensbilanz zu ziehen, wird uns helfen, uns neu zu auszurichten, indem wir neue Weichen für unseren Weg stellen. Wir betrachten unser Umfeld, die Situationen, Menschen und Dinge, die darin vorkommen und stellen uns folgende Fragen:

- Gefällt mir das noch und tut mir das gut?
- Erfreue ich mich noch an dieser Situation?
- Erfreue ich mich noch an diesen Menschen?
- Erfreue ich mich noch an diesem Gegenstand?

Falls Sie diese Fragen bejahen, ist alles in Ordnung. Sollten Sie jedoch diese Fragen ganz oder zum Teil verneinen, dann ist der Zeitpunkt gekommen, weitere Fragen zu stellen, wie zum Beispiel:

- Welche Situation brauche ich jetzt in meinem Leben?
- Welche Menschen passen jetzt in mein Leben?
- Welche Gegenstände brauche ich jetzt in meinem Leben?

Wenn Sie herausfinden, was Sie wirklich wollen und brauchen, dann wissen Sie auch sofort, was Sie zu verändern haben. Denken Sie auch hier daran, eine verantwortungsbewusste Haltung bei der Durchführung Ihrer Lebensbilanz einzunehmen. Das bedeutet konkret, dass Ihr Handeln nicht nur für Sie positive Auswirkungen haben, sondern zum Wohle aller Beteiligten sein sollte. Wenn Sie also beispielsweise Familie haben, die Ihnen plötzlich an Arbeit und Verpflichtungen über den Kopf wächst, können Sie diese Verantwortung nicht aufgeben und auf einmal ein neues ungebundenes Leben beginnen. Ebenso wenig ist dies möglich, wenn zum Beispiel Angehörige, die in gesundheitliche oder andere Not geraten sind, Ihre Hilfe brauchen. Deshalb ist es immer wichtig auch das Wohl anderer mit zu berücksichtigen.

Leider lässt sich nicht selten feststellen, dass in vielfältigsten Bereichen, seien es durch einzelne Berater, Therapeuten oder Coache, oder durch die Medien oder die Arbeitswelt unter dem Etikett „persönliche Weiterentwicklung" geraten wird, sich selbst an erste und alleinige Stelle zu setzen und ohne Rücksicht auf seine Mitmenschen und seine Umwelt seine Interessen durchzusetzen. Dieses Missverständnis hat zur Folge, dass eine äußerst egoistische Haltung nicht nur schädliche Auswirkungen für andere hat, sondern letztlich auch für einen selbst. Eine Veränderung im Leben bedeutet nicht, sich vor seiner sozialen Verantwortung zu drücken. Menschen sind soziale Wesen und daher voneinander abhängig. Kinder sind abhängig von ihren Eltern. Alte Eltern sind abhängig von ihren erwachsenen Kindern. Der Sinn des menschlichen Lebens liegt auch darin, für andere da zu sein, zu lieben, zu verstehen, zu helfen, Mitgefühl zu empfinden und sich manchmal auch im positiven Sinne aufzuopfern, denn das ist auch Liebe. Jeder von uns kann in eine unglückliche Lage geraten. Ein großer Egomane wird dann vielleicht niemandem mehr vorfinden, der für ihn da ist und auf ihn Rücksicht nimmt.

Ich betone diese Phänomene nicht ohne Grund, denn nur allzu oft beobachte und erlebe ich in unserer gesellschaftlichen und wirtschaftlichen Entwicklung einen Trend, dass immer mehr

Menschen sich ausschließlich auf ihren Eigennutz konzentrieren. Eine Gemeinschaft, die den Menschen als wirtschaftlichen und zeitlichen Kostenfaktor betrachtet und nicht als würdevolles, aber zerbrechliches Wesen, das einen ihm angemessenen Rahmen benötigt, in dem er körperlich, geistig und spirituell heil, im Sinne von ganz, sein kann, ist nicht erstrebenswert. Eine solche lebensfeindliche und menschenverachtende Haltung und Entwicklung ist für mich nicht tragbar.

Warten Sie nicht mehr damit. Verschieben Sie es nicht, aufzuwachen und hinzusehen, wo wir heute stehen und welchen Weg wir beschreiten wollen für eine Zukunft zum Wohle aller Beteiligten. Unser Glück finden wir nicht nur durch persönliches Wachstum, sondern auch darin, dass wir für andere Menschen präsent sind und sie in ihrer Entwicklung unterstützen. Denn diese Gabe zeichnet letztlich auch unsere Humanität aus. Im Austausch mit unserem Umfeld erfahren wir, wer wir wirklich sind und welche Werte uns bewegen. In diesem Sinne hoffe ich, dass Sie eine Lebensbilanz für sich schaffen können, die weitsichtig und vorausschauend ist. Das Leben wird Sie belohnen, mit einem Gefühl des „Getragen Seins" und des harmonischen Einklangs mit sich Selbst.

Oder wie Assagiolis es ausdrückt: *„Einheit ist also möglich. Seien wir uns jedoch bewusst, dass sie nicht der Ausgangspunkt ist und wir sie nicht geschenkt bekommen. Sie bedeutet Eroberung, hoher Lohn für ein langes Werk, ein anstrengendes, aber großartiges, vielfältiges, faszinierendes Werk, fruchtbar für uns und andere, bevor es vollbracht ist. So verstehen wir die Psychosynthese."*

Die Psychosynthese hilft dabei, die Fülle in sich zu entdecken, den Schatz, den wir im Herzen und im Kopf bewahren und den uns niemand jemals wegnehmen kann. Diese Fülle zeigt sich in Form von Kreativität, Ideen, Inspiration, Mitgefühl, Wertschätzung und vielen weiteren Aspekten, unter der Voraussetzung, dass wir uns für die Fülle in uns öffnen, damit sie frei strömen kann. Denken Sie daran: alles fließt und alles vergeht.

Mögen Sie so lernen, wie Sie aus dem inneren Goldbrunnen an Talenten und Fähigkeiten schöpfen können, um Ihr Leben Ihren Sehnsüchten, Wünschen und Ihrem innerem Streben entsprechend zu gestalten. Auf diese Weise können Sie eines Tages bei Ihrem Lebensrückblick mit Freude sagen: Ich habe mein Leben gelebt und es war spannend.

# Anhang

# Quellen und Literaturverzeichnis

**Assagioli, Roberto:** *Psychosynthese,* Reinbek: Rowohlt – TB 1993.

**Assagioli, Roberto:** *Psychosynthese und transpersonale Entwicklung,* Paderborn: Junfermann 1992.

**Assagioli, Roberto:** *Die Schulung des Willens.* Methoden der Psychosynthese und der Selbsttherapie, Paderborn: Junfermann 1991.

**Assagioli, Roberto:** *Psychosynthese.* Harmonie des Lebens. CH-8153 Rümlang, Nawo 1. Auflage 2010.

**Bader, Silke:** *Engel für die Kreativität.* Die heilende Kraft schöpferischen Tuns. Oberstdorf: Windpferd 2010.

**Bilgri, Anselm:** *Entrümple Deinen Geist,* Wie man zum Wesentlichen vordringt, München: Knaur 2010.

**Csikszentmihalyi, Mihaly:** *Flow – der Weg zum Glück.* Der Entdecker des Flow-Prinzips erklärt seine Lebensphilosophie, Freiburg: Herder 2010.

**Faltin, Günther:** *Kopf schlägt Kapital.* Die ganz andere Art, ein Unternehmen zu gründen. Von der Lust, ein Entrepreneur zu sein. München: dtv 2012.

**Ferrucci, Piero:** *Werde was du bist.* Selbstverwirklichung durch Psychosynthese, Basel: Sphinx, 2. Auflage 1985.

**Ferrucci, Piero:** *Psychosynthese im Lichte der Neurowissenschaft* in *Psychosynthese,* Zeitschrift, 15. Jg., Heft Nr. 29, S. 3 – 18, 2013.

**Frankl, Viktor:** *Das Leiden am sinnlosen Leben,* Psychotherapie für heute, Freiburg: Herder 15. Auflage 2004.

**Fromm, Erich:** *Die Kunst des Lebens.* Zwischen Haben und Sein. Freiburg: Herder 3. Auflage 2010.

**Giovetti, Paola:** *Roberto Assagioli,* Leben und Werk des Begründers der Psychosynthese. CH-8153 Rümlang, Nawo 1. Auflage 2007.

**Huhn, Gerhard; Backerra Hendrik:** *Selbstmotivation.* Flow statt Stress oder Langeweile. München: Hanser 3. Auflage 2008.

**Kast, Verena:** *Trotz allem Ich,* Gefühle des Selbstwerts und die Erfahrung von Identität, Freiburg: Herder 6. Auflage 2009.

**Maslow, Abraham H.**: *Motivation und Persönlichkeit*, Reinbek: Rowohlt – TB 12. Auflage 2010.

**McGraw Philip C.**: *Lebensstrategien*. 10 Regeln, damit Ihnen das gelingt, worauf es im Leben wirklich ankommt, Heidelberg: mvg Verlag, 3. Auflage 2003.

**McGonigal Kelly**: *Bergauf mit Rückenwind*, Willenskraft effizient einsetzen, München: Goldmann 1. Auflage 2012.

**Roethlisberger, Linda Vera**: *Im Kontakt mit der Inneren Stimme*: PsyQ®Training für Persönlichkeits- und Bewusstseinsbildung – ein autodidaktischer TRILOGOS Lehrgang (Stufen 1 bis 3) auf 6 Audio-CDs mit 62 geführten Meditationen (mp3 – 26 Std.).

**Roethlisberger, Linda**: *Im Kontakt mit der* inneren *Stimme*. Pro Business: 2012.

**Roethlisberger, Linda**: *Intuition ist erlernbar*. Kailash: 2006.

**Zundel, Edith und Fittkau, Bernd.**: *Spirituelle Wege und transpersonale Psychologie*. Paderborn: Junfermann 1989.

**Zundel, Edith und Loomans, Pieter**: *Psychotherapie und spirituelle Erfahrung*. Freiburg, Basel, Wien: Herder 1994.

# Über die Autorin

**Miriam Erraoui** ist Diplom-Sozialwissenschaftlerin mit Schwerpunkt „Arbeit und Organisation" und absolvierte eine fünfjährige Coaching- und Therapieausbildung in Psychosynthese. Sie hält Vorträge, Seminare und gibt Einzelsitzungen im Raum München. Ihr Motto lautet: „Mein Anliegen ist es, Menschen darin zu unterstützen, ihre Sehnsucht nach innerer Entwicklung und Wachstum zu stillen. Wer sich persönlich und spirituell entfaltet, strahlt eine innere Stärke und Souveränität heraus, die das Leben im Alltag und im Beruf erleichtert." (www.miriam-erraoui.de)